No.01

똥 눌 때 보는 신문 경제

글 김선 그림 이혜원 펴낸 곳 삼성출판사 주소 서울시 서초구 명달로 94 전화 080-470-3000 등록 번호 제 1-276호 홈페이지 www.mylittletiger.com
이 책에 실린 글과 그림을 무단으로 복사, 복제, 배포하는 것은 저작권자의 권리를 침해하는 것입니다. ©삼성출판사

삼성출판사

경제 이야기　01

경제 활동은 어떻게 이루어지는 걸까?

그림 한자 사전　02
가르칠 교(敎)

문해력이 저절로
대머리는 왜 생길까?

LAUGH & LEARN　03
오늘의 포인트 - spell

도전! 사고력왕

똥 눌 때 보는 만화　04
재화와 서비스

경제 뭉치

① 가정에서는 일을 해서 돈을 벌어요. (O/X)

② 회사는 세금을 걷어서 도로를 만들어요. (O/X)

③ 나라는 물건을 팔아서 일자리를 만들어요. (O/X)

정답 | X/X/O

경제 활동은 어떻게 이루어지는 걸까?

가계(가정)

정부(나라)　기업(회사)

장난감으로 보는 경제의 3주체

사람들은 회사에 다니거나 일을 해서 돈을 벌어요. 그렇게 번 돈으로 사고 싶거나 필요한 물건을 사곤 하지요. 부모가 아이들이 갖고 싶어 하는 장난감을 사 주는 것처럼요.

회사는 장난감이 잘 팔리면 돈을 많이 벌고, 더 많은 장난감을 만들기 위해 공장을 짓거나 일할 사람을 더 뽑아요. 그리고 열심히 일한 사람들은 번 돈의 일부를 나라에 세금으로 내게 되지요.

그럼 나라에서는 세금으로 어떤 일을 할까요? 이동하기 불편한 곳에 도로나 다리를 만들고, 국방을 튼튼히 하는 등 국민이 편안하게 생활할 수 있도록 해 줘요. 또 아이들이 돈을 내지 않고 학교에서 맛있는 밥을 먹고, 편하게 공부할 수 있는 것도 세금 덕분이에요.

이렇듯 가정, 회사, 나라의 경제 활동은 모두 연결되어 서로 영향을 주고 받는답니다.

그림 한자 사전

教

가르칠 교

- 풀이 | ①가르치다 ②일깨우다 ③종교
- 필순 | 教教教教教教教教教教
教

- 教師 교사 | 선생님
- 教室 교실 | 학습 활동을 하는 방

풀다 보면 논리력이 저절로

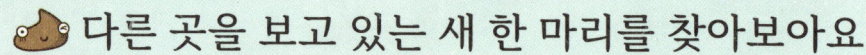
다른 곳을 보고 있는 새 한 마리를 찾아보아요.

| 답은

읽다 보면 문해력이 저절로 – 호기심

대머리는 왜 생길까?

사람의 머리카락 개수는 10만 가닥 정도예요. 하루에 80가닥 정도가 빠지지만, 또 80가닥 정도가 새로 나서 항상 일정한 수를 유지하고 있지요.
그럼 대머리는 한번 빠진 머리카락이 다시 안 나오는 걸까요? 아닙니다. 보통은 머리카락 한 가닥이 나서 빠지기까지 3년이 걸리는데, 대머리인 사람은 솜털이 자라자마자 빠지는 것이에요. 대머리는 노화의 한 종류여서 나이 든 사람에게 특히 많이 나타나요. 또 대머리는 유전돼서 아버지나 할아버지가 대머리이면 아들과 손자도 대머리가 되기 쉽답니다. 대머리 유전자는 남성 호르몬의 영향도 받아요. 호르몬은 사람의 몸속에서 나오는 화학 물질을 말하는데, 남성 호르몬이 지나치게 많이 나오는 남자는 젊어서부터 대머리가 되기도 한답니다.

LAUGH & LEARN

Point: spell [스펠] 주문

- abracadabra 수리수리마수리
- wig 가발
- frog 개구리

도전! 사고력왕 – 난센스

세상에서 가장 빠른 닭은?

똥 눌 때 맞춤법!

나는 오늘 밥을
① 안 먹었어.
② 않 먹었어.

똥 눌 때 보는 만화 - 재화와 서비스

- 💩 **재화** | 우리가 눈으로 볼 수 있거나 만질 수 있는 물건을 말해요. (예: 장난감, 옷, 책, 음식 등)
- 💩 **서비스** | 다른 사람을 위해 무언가를 해 주거나 도와주는 것을 말해요. (예: 감기 치료, 미용 등)

똑똑해지는 경제 용어

치킨 게임

'치킨 게임(chicken game)'이란 경쟁하는 두 사람 중 어느 한쪽이 포기하면 다른 쪽이 이득을 보지만, 양쪽 다 포기하지 않으면 최악의 상황이 되는 것을 말해요. 여기서 '치킨'이란 이름은 두 사람이 서로를 향해 차로 돌진하는, 1950년대 미국의 한 게임에서 나온 말이에요.

두 사람 모두 핸들을 꺾지 않으면 함께 죽고, 둘 중 하나가 핸들을 꺾으면 남은 사람이 승리하는 게임이지요. 이때 핸들을 꺾은 사람이 치킨이 되는데, 여기서 치킨은 '겁쟁이(coward)'라는 뜻으로 쓰였어요.

지난 2010년, 삼성전자를 비롯한 전 세계 반도체 업체들이 치열한 치킨 게임을 벌였어요. 각 업체는 시장에서 우위를 차지하기 위해 손해를 보면서도 반도체 가격을 낮췄어요. 삼성전자는 엄청난 현금을 투입하며 끝까지 버텼고, 다른 업체들이 줄줄이 포기하면서 삼성전자가 최후의 승자가 될 수 있었답니다.

No.02

글 김선 그림 이혜원 펴낸 곳 삼성출판사 주소 서울시 서초구 명달로 94 전화 080-470-3000 등록 번호 제 1-276호 홈페이지 www.mylittletiger.com
이 책에 실린 글과 그림을 무단으로 복사, 복제, 배포하는 것은 저작권자의 권리를 침해하는 것입니다. ⓒ삼성출판사
삼성출판사

똥 눌 때 보는 신문 경제

경제 이야기 01
보이지 않는 손

그림 한자 사전 02
학교 교(校)

문해력이 저절로
사람이 되고 싶었던 곰과 호랑이

LAUGH & LEARN 03
오늘의 포인트 - apple

도전! 사고력왕

똥 눌 때 보는 만화 04
중고 거래

보이지 않는 손

경제 뭉치

① 옛날에는 정해진 날에 시장이 열렸어요. (O/X)

② 오늘날에도 시장은 정해진 날에만 열려요. (O/X)

③ 지금은 인터넷에도 시장이 있어요. (O/X)

정답 | O/X/O

시장에는 보이지 않는 손이 있다고?

시장은 사람들이 물건을 사고파는 곳이에요. 시장에서 원하는 물건을 발견하면 가격을 물어보고 그만큼의 돈을 내야 살 수 있어요. 지금은 원할 때마다 언제든 시장에 갈 수 있지만, 예전에는 정해진 날에 시장이 열렸어요. 3일장, 5일장처럼 며칠 만에 시장이 열리니 많은 사람이 모여 흥정을 시작했지요.

물건을 파는 사람은 비싸게 팔고 싶어 하고, 물건을 사는 사람은 싸게 사고 싶어 해요. 그러나 가격이 너무 비싸면 사지 않고, 너무 싸면 수익이 없지요. 그래서 시장에서는 파는 사람과 사는 사람 모두 만족할 만한 적당한 가격이 만들어져요.

영국의 유명한 경제학자 애덤 스미스는 이렇게 가격이 만들어지는 것을 가리켜 '보이지 않는 손'이라고 표현했답니다. 마치 투명한 손이 적절한 가격을 만들어 모두를 만족시키는 것 같다는 비유이지요.

그림 한자 사전

학교 교

풀이 | ①학교 ②가르치다 ③교정하다
필순 | 校校校校校校校校校校

- 校歌 교가 | 학교를 상징하는 노래
- 校門 교문 | 학교의 문

풀다 보면 논리력이 저절로

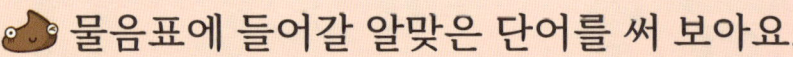
물음표에 들어갈 알맞은 단어를 써 보아요.

● ● ● ● ➡ kite 연

● ● ● ● ➡ mile 마일(거리 단위)

● ● ● ● ➡ side 옆

● ● ● ● ➡ ?

정답 | time(시간)

읽다 보면 문해력이 저절로 - 한국사

사람이 되고 싶었던 곰과 호랑이

먼 옛날, 환웅이 인간 세상을 다스릴 때의 일이에요. 어느 날, 곰과 호랑이가 환웅을 찾아와 사람이 되고 싶다고 했지요. 그러자 환웅은 쑥 한 자루와 마늘 스무 쪽을 주며, 이것을 먹고 100일 동안 햇빛을 보지 않으면 사람이 될 수 있을 거라 말했어요. 곰과 호랑이는 그길로 어두컴컴한 동굴 속에 들어가 쑥과 마늘만 먹으며 시간을 보냈지요. 하지만 호랑이는 답답함을 견디지 못하고 결국 동굴 밖으로 뛰쳐나가고 곰만 홀로 남아 100일을 꾹 참고 견뎠어요. 100일 뒤, 드디어 곰은 아리따운 여자가 되었어요. 여자가 된 곰은 환웅과 혼인해 우리나라의 시조인 단군을 낳았답니다.

LAUGH &LEARN

apple
[애플]
사과

- 명사가 하나 있을 때 앞에 관사를 붙여요. 대부분의 명사 앞에는 a를 붙이지만, 명사가 a, e, i, o, u 소리로 시작할 때는 an을 붙여요.

도전! 사고력왕 – 사자성어

💩 쓴 것이 다하면 단 것이 온다는 뜻으로, 고생 끝에 낙이 온다는 말은?

| ㄱ | ㅈ | ㄱ | ㄹ |

똥 눌 때 맞춤법!

내가 먼저 가면
① 되지.
② 돼지.

똥 눌 때 보는 만화 – 중고 거래

💩 **중고 거래의 효과** | 중고 거래의 가장 큰 효과는 환경 보호예요. 물건을 함부로 버리지 않아 쓰레기가 줄어들고, 불필요한 물건의 생산을 줄일 수 있지요. 이처럼 새 상품을 사지 않고 중고 물품을 구입하는 것만으로도 환경 보호에 앞장설 수 있답니다.

설화 속 경제 이야기

봉이 김선달

조선 시대에 '김선달'이라는 사람이 있었어요. 그는 슬기롭고 꾀가 많아 사람을 괴롭히는 양반이나 상인을 골탕 먹이며 이름을 널리 알렸지요. 하루는 시장에 가서 여기저기 구경하다 유달리 크고 멋진 닭 한 마리를 본 그가 상인에게 물었어요.
"저 닭은 혹시 봉(봉황)이 아니오?"
그 말을 들은 상인은 문득 닭을 봉이라고 속여 팔면 돈을 더 많이 벌 수 있겠다고 생각했어요. 그렇게 김선달은 비싼 값을 주고 닭을 산 뒤, 원님을 찾아가 그 닭을 봉이라고 바쳤어요. 김선달의 거짓말에 화가 머리끝까지 난 원님이 호통을 치자, 그는 상인이 자신에게 봉을 팔았노라 말했어요. 결국 상인은 닭값뿐 아니라 김선달이 고초를 겪은 데에 대한 보상까지 더해 큰돈을 물어내야 했어요. 그 사건 이후 김선달은 '봉이'로 불렸답니다.

No.03

똥눌때보는신문 경제

목차

경제 이야기 01

돈 대신 돌을 사용한 야프섬

그림 한자 사전 02
나라 국(國)

문해력이 저절로
가장 오래된 법전, 함무라비 법전

LAUGH & LEARN 03
오늘의 포인트 - dish

도전! 사고력왕

똥 눌 때 보는 만화 04
화폐의 발전 과정

돈 대신 돌을 사용한 야프섬

4m짜리 돌이 돈이라고?

태평양의 야프섬에서는 돌을 돈으로 사용했어요. 어른 키보다도 큰 돌들이 발견되었는데, 이것이 야프섬의 화폐였어요. 이 돌의 이름을 '라이(Rai)'라고 해요. 라이는 도넛처럼 가운데가 뚫려 있어요. 초기에 지름이 7cm 정도 되던 라이는 더 많은 돈이 필요해지면서 점점 더 커지기 시작했어요. 그러다 4m에 이르는 라이까지 등장했지요.

거래할 때마다 무거운 라이를 옮기는 게 힘들어지자 사람들은 더 이상 라이를 주고받지 않았어요. 대신 '저 라이는 이제 OO의 것'이라는 약속을 하기 시작했지요. 모두가 그 거래를 알고 인정하기 때문에 실제로 누가 라이를 가지고 있는지는 중요하지 않았어요.

돌이 없으면서 있다고 우기면 어떻게 하느냐고요? 마을 사람들은 서로를 믿었기 때문에 그런 일은 거의 없었답니다.

경제 뭉치

라이의 가운데가 뚫려 있는 데에는 이유가 있어요. 야프섬에는 금속류가 없어서 인근 섬에서 석회암을 캐낸 뒤 카누나 뗏목으로 실어 날랐는데, 이때 어깨에 짊어질 막대를 넣기 위해 가운데를 뚫은 거예요. 우리나라에서 옛날에 사용하던 화폐인 엽전도 가운데에 네모난 구멍이 뚫려 있었답니다.

그림 한자 사전

國

나라 국

풀이 | ①나라 ②세우다
필순 |

- 國家 국가 | 나라
- 國歌 국가 | 나라를 대표하는 노래

풀다 보면 논리력이 저절로

 다음 그림을 보고 알맞은 모양을 찾아보아요.

정답 | ①

읽다 보면 문해력이 저절로 - 세계사

가장 오래된 법전, 함무라비 법전

고대 메소포타미아 지역의 한 나라, 바빌로니아에서는 악당이 사회적 문제였어요. 물건을 도둑맞거나 돈을 빼앗기는 등 억울한 사람들이 늘어났지요. 당시 나라를 다스리던 함무라비왕은 어떻게 하면 바빌로니아를 정의로운 나라로 만들 수 있을지 고민했어요. 이때 법이 필요하다는 신하의 말에 왕은 죄와 벌을 정한 법을 만들게 했어요. 이 282개의 법을 문서로 정리한 것이 바로 함무라비 법전이지요. 왕은 사람들이 많이 다니는 광장에 이 법을 새긴 돌기둥을 세웠어요. 이후 범죄가 줄어 사회가 안정되었답니다.

LAUGH & LEARN

Point

dish
[디쉬]
접시

- 명사가 여러 개일 때는 끝에 s를 붙여요.
단, 명사가 s, sh, ch, x, o로 끝날 때는
명사 끝에 es를 붙여요.

도전! 사고력왕 – 관용어

💩 겁이 없는 사람을 보고 하는 말은?

ㄱ 이 크다

똥 눌 때 맞춤법!

감기 빨리
① 나아.
② 낳아.

똥 눌 때 보는 만화 - 화폐의 발전 과정

💩 **화폐의 발전 과정** | 물물 교환(물건끼리 바꾸는 일) → 금속 화폐(금화, 은화 등 금속으로 만든 화폐) → 지폐(종이에 인쇄해 만든 화폐) → 전자 화폐(실제 물리적 화폐가 아닌 컴퓨터 네트워크 등 가상 공간에서 사용하는 화폐)

똑똑해지는 경제 용어

펭귄 효과

'펭귄 효과'란 다른 사람의 소비를 따라 하는 현상을 말해요. 물건을 사야 할지 말아야 할지 고민하던 소비자가 다른 사람이 그 물건을 사기 시작하면 거기에 영향을 받아 덩달아 구매하게 되는 것이지요.

펭귄 효과는 실제 동물 펭귄의 모습에서 비롯된 말이에요. 펭귄은 먹이를 구하러 바다에 뛰어들어야 하는데, 바닷속에는 무서운 동물이 있기 때문에 잠시 주저하게 돼요. 그런데 이때 한 마리 펭귄이 용기를 내 바다에 먼저 뛰어들면, 나머지 펭귄들도 잇따라 바다로 뛰어들어요.

이러한 특성에서 '펭귄 효과'라는 말이 생겼어요. 참고로 가장 먼저 바다에 뛰어드는 첫 번째 펭귄을 '퍼스트 펭귄'이라고 하며, 이는 불확실한 상황에서 먼저 용기를 내 다른 이들의 참여를 이끌어 내는 사람을 가리킬 때 사용해요.

No.04

글 김선 그림 이혜원 펴낸곳 삼성출판사 주소 서울시 서초구 명달로 94 전화 080-470-3000 등록 번호 제 1-276호 홈페이지 www.mylittletiger.com 삼성출판사
이 책에 실린 글과 그림을 무단으로 복사, 복제, 배포하는 것은 저작권자의 권리를 침해하는 것입니다. ⓒ삼성출판사

똥 눌 때 보는 신문 경제

경제 이야기 01
 개같이 벌어서
정승같이 쓴다

그림 한자 사전 02
남녘 남(南)

문해력이 저절로
하품을 하면 왜 눈물이 날까?

LAUGH & LEARN 03
오늘의 포인트 - children

도전! 사고력왕

똥 눌 때 보는 만화 04
구매력

경제 뭉치

① 소비란 원하는 물건이나 서비스를 얻기 위해 돈을 사용하는 것을 말해요. (O/X)

② 아빠가 회사에서 받은 월급은 소비예요. (O/X)

③ 내가 편의점에서 젤리를 산 것은 소득이에요. (O/X)

정답 | X/X/O

소득과 소비 이해하기

돈을 버는 것은 무척 어려운 일이에요. 부모님을 포함한 많은 사람이 돈을 벌기 위해 아침부터 열심히 일하고 있지요. 이때 열심히 일한 대가로 얻은 이익을 '소득'이라고 하는데, 이렇게 생긴 소득은 우리가 생활을 꾸려 나가는 데 큰 도움을 줘요.
'소비'란 자신이 원하는 물건이나 서비스를 얻기 위해 돈을 사용하는 것을 말해요. 우리는 벌어들인 소득으로 맛있는 음식을 먹거나 여행을 갈 수 있어요. 학원비를 내고 입고 싶은 옷도 살 수 있지요. 이처럼 소득은 여러 가지 소비 활동을 할 수 있게 해 줘요. 그러나 갖고 싶은 것을 모두 살 수는 없어요. 왜냐하면 얻을 수 있는 소득이 일정한 한도 내로 정해져 있기 때문이에요. 더 많은 소비를 하기 위해서는 더 많은 소득을 얻기 위해 노력해야 하지요. 그래서 자신의 소득에 알맞은 소비를 하는 것이 매우 중요하답니다.

그림 한자 사전

南

남녘 남

풀이 | 남녘, 남쪽
필순 | 南南南南南南南南南

- 南極 남극 | 지구의 남쪽 끝
- 南山 남산 | 남쪽에 있는 산

풀다 보면 논리력이 저절로

 빈칸에 들어갈 알맞은 그림을 찾아보아요.

정답 | ①

읽다 보면 문해력이 저절로 – 호기심

하품을 하면 왜 눈물이 날까?

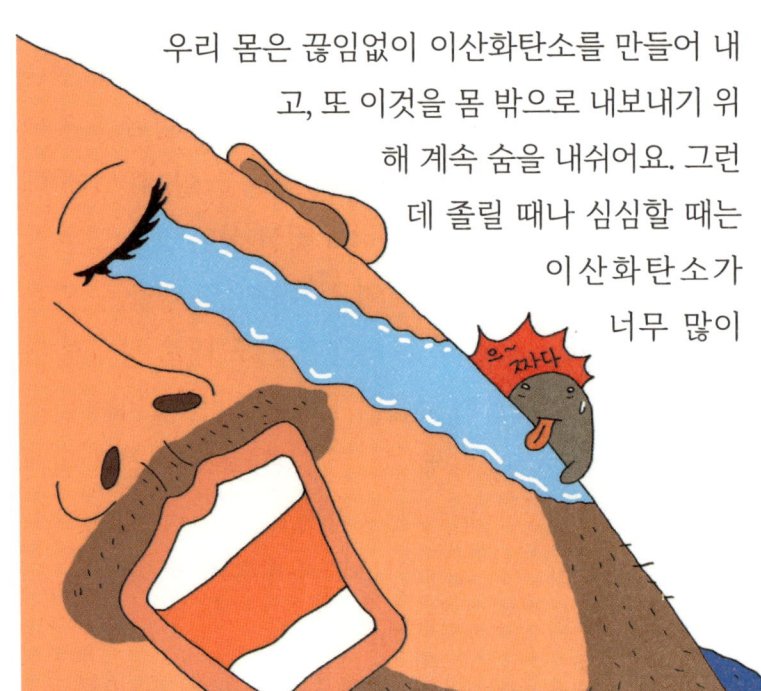

우리 몸은 끊임없이 이산화탄소를 만들어 내고, 또 이것을 몸 밖으로 내보내기 위해 계속 숨을 내쉬어요. 그런데 졸릴 때나 심심할 때는 이산화탄소가 너무 많이 쌓여서 숨을 내쉬는 것만으로는 이산화탄소를 다 내보낼 수 없지요. 그래서 이럴 때는 하품을 해서 한꺼번에 이산화탄소를 내보내게 되는데, 많은 이산화탄소가 한꺼번에 나가다 보니 입이 크게 벌어질 수밖에 없어요.

이때 위턱과 아래턱 사이의 근육이 늘어나게 되는데, 이 근육이 눈 안쪽에 있는 눈물주머니를 눌러서 눈물이 나오는 거랍니다. 그럼 하품할 때 나오는 눈물은 어디에 있던 걸까요? 눈물은 눈구멍의 바깥 위쪽에 있는 눈물샘에서 나와요. 이물질을 씻어 낸 눈물은 눈물주머니에 모였다가 콧구멍 속으로 흘러가지요. 하품할 때 나오는 눈물은 바로 이 눈물주머니에 고여 있던 거예요.

LAUGH & LEARN

Point: children [칠드런] 어린이들

■ 명사가 여러 개일 때 불규칙하게 변하는 경우

단수형	복수형	단수형	복수형
a man 남자 한 명	men	sheep 양	sheep
a child 어린이 한 명	children	fish 물고기	fish
a foot 발 한 쪽	feet	salt 소금	salt

도전! 사고력왕 – 난센스

💩 세상에서 가장 뜨거운 과일은?

ㅊ ㄷ ㅂ ㅅ ㅇ

똥 눌 때 맞춤법!

내가 이 자리를 ① 빌어 ② 빌려 사과할게.

똥 눌 때 보는 만화 - 구매력

🟤 **구매력** | 상품을 직접 구입할 수 있는 재력(재산상의 능력)을 말해요. 이제 막 돈을 벌기 시작한 때에는 구매력이 낮을 수밖에 없지요. 따라서 구매력을 높이기 위해서는 꾸준히 자산을 모으려는 노력이 필요하답니다.

세계 경제 위인

소년 가우스의 숫자 계산법

수학자 가우스가 열 살 때 일이에요. 수업 시간에 선생님이 칠판에 이렇게 썼어요.
1+2+3+4+…+99+100=?
아이들은 어려운 문제에 한숨만 내쉬었어요. 그런데 얼마 지나지 않아 가우스가 손을 번쩍 들고 말했어요.
"선생님, 답은 5,050입니다!"
가우스는 숫자를 더하는 대신 자신만의 계산법을 생각해 냈어요. 1 더하기 100도 101, 2 더하기 99도 101이라는 사실을 발견하고, 101에 50을 곱해서 5,050이라고 답한 거지요.

가우스는 자신의 이름을 딴 경제 이론도 남겼어요. 어느 날, 가우스는 격리된 두 공간에 식량·온도 등 모든 조건을 같게 한 뒤 A 방에는 서로 다른 종의 쥐를, B 방에는 같은 종의 쥐를 넣어 기르는 실험을 했어요. 그 결과 A 방의 쥐들은 사이좋게 지냈지만, B 방의 쥐들은 힘센 쥐가 약한 쥐를 공격해 죽게 했어요. 이처럼 '가우스 이론'은 같은 업종 가운데 가장 경쟁력이 높은 기업만 살아남고, 나머지는 사라지는 것을 뜻해요.

No.05

똥눌때보는신문 경제

글 김선 그림 이해원 펴낸 곳 삼성출판사 주소 서울시 서초구 명달로 94 전화 080-470-3000 등록 번호 제 1-276호 홈페이지 www.mylittletiger.com 이 책에 실린 글과 그림을 무단으로 복사, 복제, 배포하는 것은 저작권자의 권리를 침해하는 것입니다. ⓒ삼성출판사 삼성출판사

경제 이야기　01
햄버거냐, 초콜릿이냐 그것이 문제로다

그림 한자 사전　02
해 년(年)

문해력이 저절로
원효와 해골 물

LAUGH & LEARN　03
오늘의 포인트 - biscuit

도전! 사고력왕

똥 눌 때 보는 만화　04
깨진 유리창의 역설

경제 뭉치

다음 중 기회비용을 고민할 필요가 없는 경우는 무엇일까요?

① 친구와 영화를 보러 갈지, 아르바이트를 할지 고민하는 구영

② 모아 놓은 100만 원을 은행에 넣을지, 주식에 투자할지 고민하는 선이

③ 스마트폰을 홍보하기 위해 이미 광고비를 지불한 회사

정답 | ③ 이미 써 버려서 다시 되돌릴 수 없는 비용을 매몰 비용이라고 해요.

햄버거냐, 초콜릿이냐 그것이 문제로다

무엇을 선택하든 기회비용은 남는다

우리는 모든 것을 가질 수는 없어요. 하나를 선택하면 다른 하나는 포기해야 하지요. 고민 끝에 내린 결정인데도 왠지 아쉬운 마음이 드는 건 어쩔 수가 없는데, 이는 다름 아닌 '기회비용' 때문이에요.

기회비용이란 하나의 재화를 선택했을 때, 그로 인해 포기한 것 중 가장 큰 것의 가치를 말해요. 가령 햄버거도 먹고 초콜릿도 먹고 싶은데, 돈이 부족하다면 어쩔 수 없이 둘 중 하나만 골라야 해요. 햄버거를 먹는 데 용돈을 썼다면 초콜릿은 기회비용이 되는 셈이지요.

경제 활동에서 합리적 선택을 하려면 기회비용이 가장 적은 선택을 하면 돼요. 기회비용에는 물건뿐만 아니라 서비스나 활동도 포함돼요. 예를 들어, 우리에게 자유 시간이 주어지면 무엇을 할지 고민하는 것 또한 기회비용을 줄이기 위한 노력이에요.

그림 한자 사전

年

해 **년**

풀이 | ①해 ②나이 ③때, 시대
필순 | 年 年 年 年 年 年

- 年歲 연세 | 나이의 높임말
- 年少者 연소자 | 나이 어린 사람

풀다 보면 논리력이 저절로

 빈칸에 들어갈 알맞은 숫자를 찾아보아요.

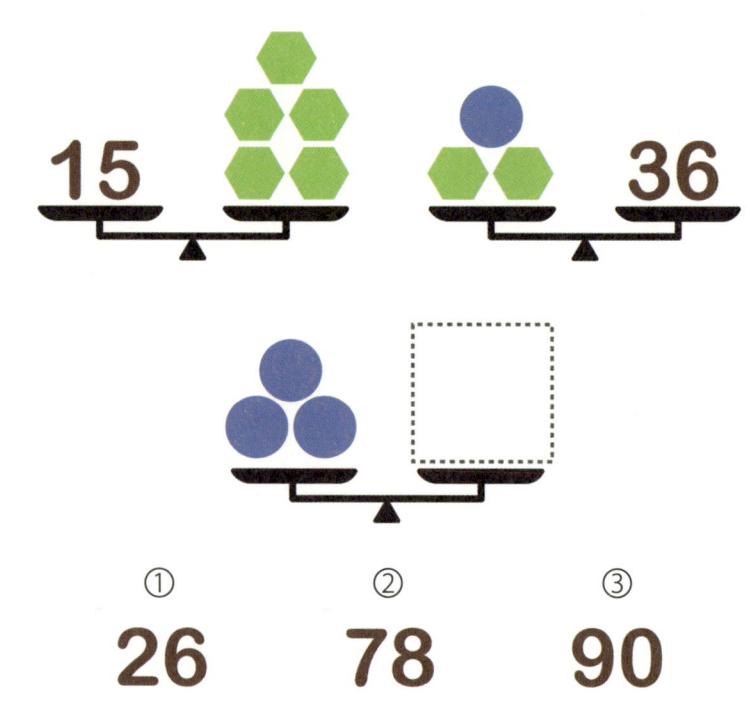

① 26　　② 78　　③ 90

정답 | ③

읽다 보면 문해력이 저절로 – 한국사

원효와 해골 물

신라 문무왕 때 '원효'라는 승려가 있었어요. 원효는 공부하기 위해 당나라로 유학을 가기로 했어요. 당나라로 떠나는 길에 날이 저물어 원효는 한 동굴에 들어가 잠을 청했어요. 그러다 목이 말라 주위를 둘러보았는데, 물이 든 그릇 하나가 있는 거예요. 원효는 목이 말라 그 물을 벌컥벌컥 마시고는 다시 잠에 들었어요. 물은 시원하고 달았지요. 다음 날, 잠에서 깬 원효는 간밤에 마신 물이 생각났어요. 그런데 물이 담긴 그릇을 보고는 깜짝 놀라고 말았지요. 그릇이라 생각한 것은 해골이었고, 어제 마신 물은 해골에 담긴 썩은 물이었기 때문이에요. 순간 원효는 속이 울렁거려 참을 수가 없었어요. 그러다 문득 한 가지 깨달음을 얻었지요. 모든 것은 마음먹기에 따라 달라진다는 것을요. 큰 깨달음을 얻은 원효는 당나라로 가지 않고 신라로 돌아와 자신의 깨달음을 널리 알렸답니다.

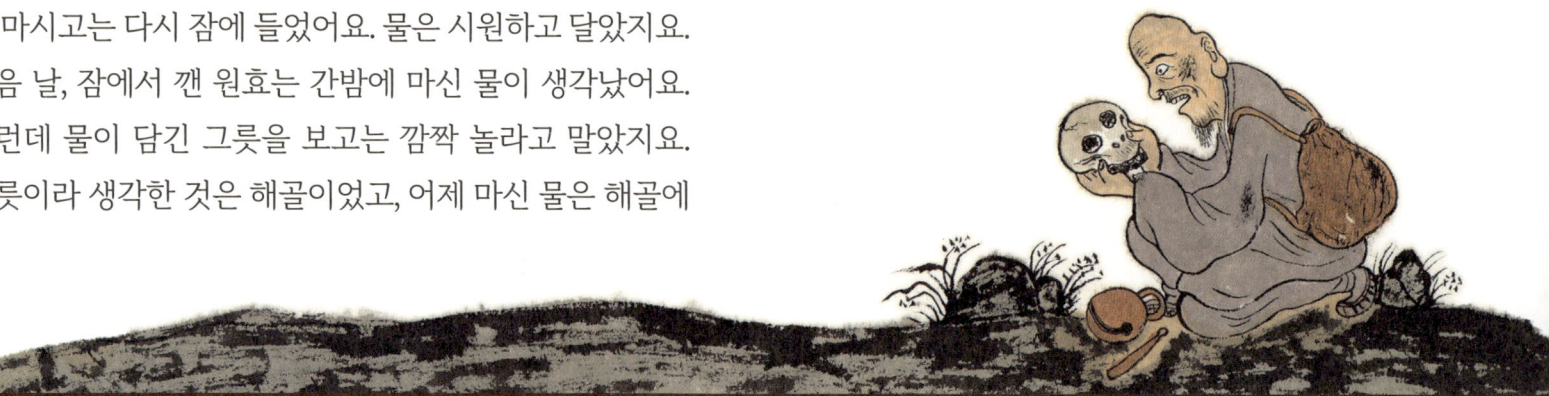

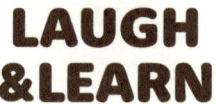

- sandwich 샌드위치
- fruit 과일
- ice cream 아이스크림

도전! 사고력왕 – 사자성어

💩 정도가 지나친 것은 부족한 것보다 못하다는 말은?

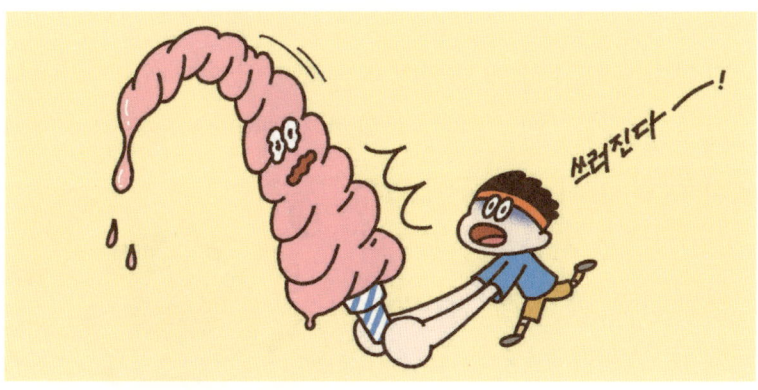

똥 눌 때 맞춤법!

나의
① 바람은 ② 바램은
네가 행복해지는 거야.

똥 눌 때 보는 만화 – 깨진 유리창의 역설

💩 **깨진 유리창의 역설** | 어떤 행위에 따른 눈에 보이는 결과와 보이지 않는 효과를 설명한 이론으로, 유리 장수가 유리를 고쳐 돈을 벌었지만 사고가 없었다면 그 비용이 다른 곳에 쓰여 경제 성장을 도울 수도 있었다는 이야기예요.

똑똑해지는 경제 용어

캐시 카우

'캐시 카우(cash cow)'란 확실히 돈이 되는 상품이나 사업을 말해요. 성장 가능성은 높지 않지만, 현재 시장에서 잘 팔리기 때문에 안정적으로 현금을 끌어오는 경우이지요. 그런데 왜 하필 '돈'을 뜻하는 캐시(cash)와 '소'를 뜻하는 카우(cow)일까요?
이는 농장에서 기르는 젖소를 은유적으로 표현한 거예요. 젖소를 관리하는 데 노력이 조금 들어가는 반면, 우유를 팔아 꾸준한 소득이 발생하기 때문이지요.

그렇다면 대표적 캐시 카우로는 무엇이 있을까요? 마이크로소프트사의 윈도우 운영 체제, 애플의 아이폰, 삼성전자의 갤럭시 시리즈 등이 있어요. 이들은 시장에서 꾸준히 판매되며, 해당 제품을 반복해서 구매하는 충성 고객이 많다는 것이 특징이랍니다.

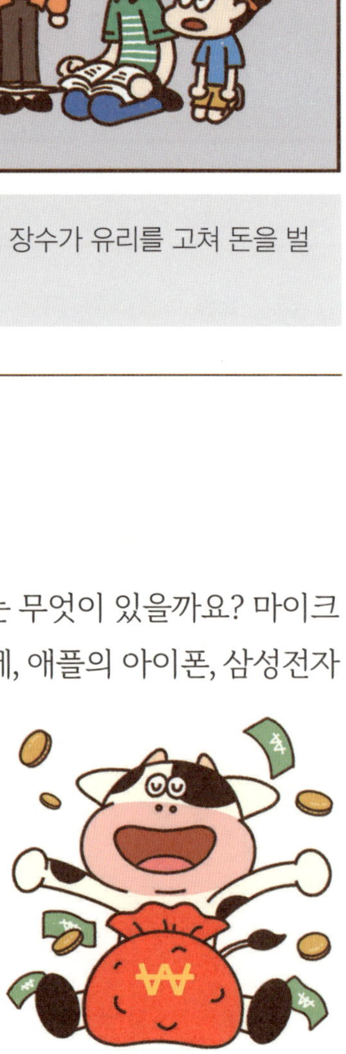

No.06

똥 눌 때 보는 신문 경제

글 김선 그림 이혜원 펴낸곳 삼성출판사 주소 서울시 서초구 명달로 94 전화 080-470-3000 등록 번호 제 1-276호 홈페이지 www.mylittletiger.com
이 책에 실린 글과 그림을 무단으로 복사, 복제, 배포하는 것은 저작권자의 권리를 침해하는 것입니다. ©삼성출판사 삼성출판사

경제 이야기 01
마스크 오픈 런

그림 한자 사전 02
큰 대(大)

문해력이 저절로
조조의 대군을 물리친 제갈량의 지혜

LAUGH & LEARN 03
오늘의 포인트 - quiz

도전! 사고력왕

똥 눌 때 보는 만화 04
희소성

마스크 오픈 런

경제 뭉치

① 수요란 어떤 재화를 사려고 하는 욕구를 말해요. (O/X)

② 가격은 수요와 공급에 따라 정해져요. (O/X)

③ 수요가 많아지면 가격은 내려가요. (O/X)

정답 | X/O/O

적으면 올라가고, 많으면 내려가는 것

어떤 물건을 사고 싶은 사람은 많은데, 살 수 있는 양이 적으면 그 물건을 구하기가 어려워집니다. 이를 '품귀 현상'이라고 해요.
COVID-19 시기에 마스크를 사기 위해 길게 줄을 선 모습을 떠올려 보세요. 사려는 사람(수요)은 많은데 팔 수 있는 물건(공급)은 적어서 그런 일이 벌어진 거예요. 마스크 한 장에 3,000원이 넘었지만, 사람들은 한 장이라도 더 사기 위해 곳곳의 약국을 돌아다닐 정도였지요. 그러다 정부의 지원으로 마스크 공장이 늘어나면서 공급량이 많아졌고, 결국 마스크 가격은 완전히 내려갔어요. 공급이 많아지면 품귀 현상이 사라지기 때문이에요.
이처럼 가격은 수요와 공급에 따라 결정되며, 품귀 현상이 생길수록 가격은 올라간답니다. 여러분이 경험한 또 다른 품귀 현상은 어떤 것이 있었나요?

그림 한자 사전

大

큰 대

풀이 | ①크다, 많다 ②훌륭하다 ③대강
필순 | 大 大 大

- 大望 대망 | 큰 희망
- 大地 대지 | 대자연의 넓고 큰 땅

풀다 보면 논리력이 저절로

💩 공사 차량이 공사장에 갈 수 있도록 길을 찾아보아요.

읽다 보면 문해력이 저절로 - 세계사

조조의 대군을 물리친 제갈량의 지혜

2세기 말, 중국은 전쟁으로 시끄러웠어요. 당시 중국을 다스리던 한(漢)나라의 힘이 약해진 틈을 타 중국 각지에서 나타난 군사 지도자들이 서로 다투었기 때문이에요. 그중 가장 강한 사람은 조조였어요. 208년, 조조는 경쟁자 유비를 무찌르기 위해 남쪽으로 쳐들어갔어요. 걱정하는 유비에게 그의 신하 제갈량이 또 다른 적, 즉 손권과 힘을 합치라고 제안했어요. "영원한 적은 없습니다. 강한 적을 이기려면 때로 적과 적이 힘을 모아야 할 때가 있습니다."

유비는 제갈량의 말을 듣고 손권과 힘을 합쳐 연합 부대를 만들었어요. 연합 부대는 강에서 싸운 경험이 적은 조조의 병사들을 양쯔강으로 유인했어요. 양쯔강 적벽(붉은 벽)에서 치열한 전투가 벌어졌고, 연합 부대는 끝내 조조의 군대를 물리치고 승리했어요. 이 전투를 '적벽대전'이라고 해요.

LAUGH &LEARN

- he 그
- she 그녀
- they 그들
- we 우리

도전! 사고력왕 - 속담

💩 예상치 못한 상황에서 불행한 일을 당하는 것을 이르는 말은?

마른하늘에

똥 눌 때 맞춤법!

① 며칠
② 몇 일

만에 보는구나.

똥 눌 때 보는 만화 – 희소성

(만화)
- 할아버지: "흠, 이 지팡이로 말할 것 같으면 유명한 장인이 만든 세상에 단 하나뿐인 지팡이라고!"
- 엄마: "아이고, 영감 또 시작이네. 나는 그 지팡이보다 이 먹태 과자가 더 좋다고! 우리 구영이가 좋아한다고 해서 할머니가 엄청 어렵게 구했어."
- 구영이: "역시 할머니가 최고야!"
- 딸: "엄마도 참! 나야말로 진짜 힘들게 구한 게 하나 있지. 바로바로 트로트 콘서트 티켓! 이거 구하려고 내가 얼마나 힘들었는지 몰라."
- 엄마: "어머, 우리 딸 로라가 최고다!"
- 구영이: "후후, 하지만 이거야말로 세상에 단 하나뿐인 물건이죠. 요~ 돌 반지! 엄마가 순금으로 만들었다고 했어요."
- (속마음) "사실은 14k인데…."

🟫 **희소성의 법칙** | 사람의 욕망은 끝이 없는데, 이를 만족시킬 만한 자원과 수단은 부족한 것을 말해요. 희소성은 시대와 장소, 상황 등에 따라 달라지기 때문에 절대적이지는 않아요.

탈무드 속 경제 이야기

훈장과 상금

전쟁터에서 용감하게 싸운 공로로, 러시아 황제에게 상을 받게 된 유대인 병사가 있었어요. 포상을 담당하는 장교가 병사에게 물었어요.

"자네는 십자 훈장을 받고 싶은가? 상금 100달러를 받고 싶은가? 원하는 것을 말해 보게."

그러자 유대인 병사가 장교에게 되물었어요.

"훈장은 값이 얼마나 나가나요?"

"그런 바보 같은 질문이 어디 있나? 훈장은 명예일 뿐, 단 1달러의 가치도 없는 것이네."

그 말을 들은 병사가 말했어요.

"그럼 저는 99달러와 훈장을 받고 싶습니다."

No.07

글 김선 그림 이혜원 펴낸 곳 삼성출판사 주소 서울시 서초구 명달로 94 전화 080-470-3000 등록 번호 제 1-276호 홈페이지 www.mylittletiger.com 삼성출판사
이 책에 실린 글과 그림을 무단으로 복사, 복제, 배포하는 것은 저작권자의 권리를 침해하는 것입니다. ©삼성출판사

똥 눌 때 보는 신문 경제

경제 이야기 01
빵 하나 사려면 수레 가득 돈이 필요하다고?

그림 한자 사전 02
어미 모(母)

문해력이 저절로
코는 왜 골까?

LAUGH & LEARN 03
오늘의 포인트 - love

도전! 사고력왕

똥 눌 때 보는 만화 04
디플레이션

경제 뭉치

① 인플레이션이 발생하면 물건을 사기 어려워져요. (O/X)
② 시중에 화폐가 많이 발행되면 인플레이션이 발생해요. (O/X)
③ 인플레이션이 생기면 화폐 가치가 오르게 돼요. (O/X)

X/O/O | 답정

빵 하나 사려면 수레 가득 돈이 필요하다고?

인플레이션이 일어나면 생기는 일

나라 안에서 실제로 쓰고 있는 돈의 양은 정해져 있어요. 이를 '통화량'이라고 해요. 우리나라의 중앙은행인 한국은행에서 그 양을 조절하고 있지요. 돈도 물건처럼 양이 늘어나면 가치가 떨어지는 인플레이션이 발생해요. 500원이던 아이스크림을 1,000원에 살 때가 그런 때예요.
제1차 세계 대전 직후, 전쟁을 일으킨 독일은 다른 나라에 피해 배상을 해야 했어요. 하지만 돈이 없으니 마구 돈을 찍어 낼 수밖에 없었지요. 그 결과 사람들은 빵 하나를 사기 위해 수레에 돈을 가득 실어 가야 했어요. 이렇게 인플레이션이 심해지면 물건을 살 수 있는 사람이 줄어들고, 치솟는 물가 때문에 나라에 혼란이 생길 수 있어요. 그래서 정부에서는 인플레이션이 발생하면 시중에 풀린 화폐를 거두어들이기 위해 노력하지요. 우리나라에서는 한국은행이 그 역할을 한답니다.

그림 한자 사전

母

어미 **모**

풀이 | ①어머니 ②암컷 ③모체, 근본
필순 | 乙 廿 廿 母 母

- 母國 모국 | 자기가 태어난 나라
- 母子 모자 | 어머니와 아들

풀다 보면 논리력이 저절로

 똑같은 새 두 마리를 찾아보아요.

읽다 보면 문해력이 저절로 - 호기심

코는 왜 골까?

평소에는 조용히 잘 자는 사람도 피곤하면 코를 골게 돼요. 이는 목젖의 긴장이 풀려서 상기도가 좁아지기 때문이지요. '상기도'란 코에서 목구멍으로 이어지는 통로를 말하는데, 상기도가 좁아지면 공기 흐름이 나빠져서 주변의 점막들이 떨리게 돼요. 바로 이 떨리는 소리가 코 고는 소리예요. 참고로, 평소에도 코를 고는 사람은 태어날 때부터 상기도가 좁거나 목젖이 지나치게 긴 경우랍니다.

콧물이 내부에 고이거나 염증이 생겼을 때도 코를 골아요. 코로 들어온 공기가 좁아진 구멍을 통과하다 보니 시끄러운 소리가 나는 거지요.

《기네스북》에 실린 가장 시끄러운 코 고는 소리는 1993년에 측정한 90dB(데시벨: 소리의 크기를 나타내는 단위)이랍니다. 굴착기 소리인 90dB과 거의 비슷한 크기의 소리예요. 이렇게 코를 고는 사람 옆에서는 제대로 잠을 잘 수가 없겠지요?

LAUGH & LEARN

- him 그를
- her 그녀를
- you 너를, 당신을
- me 나를

I love him. 나는 그를 사랑해.

I love you. 나는 너를 사랑해.

I love her. 나는 그녀를 사랑해.

나는 너를 사랑해.

You love me? 네가 나를 사랑한다고?

도전! 사고력왕 – 난센스

🟤 자동차가 놀랐을 때 하는 말은?

똥 눌 때 맞춤법!

① 웬지 ② 왠지
몰라도 오늘
비가 올 것 같아.

똥 눌 때 보는 만화 - 디플레이션

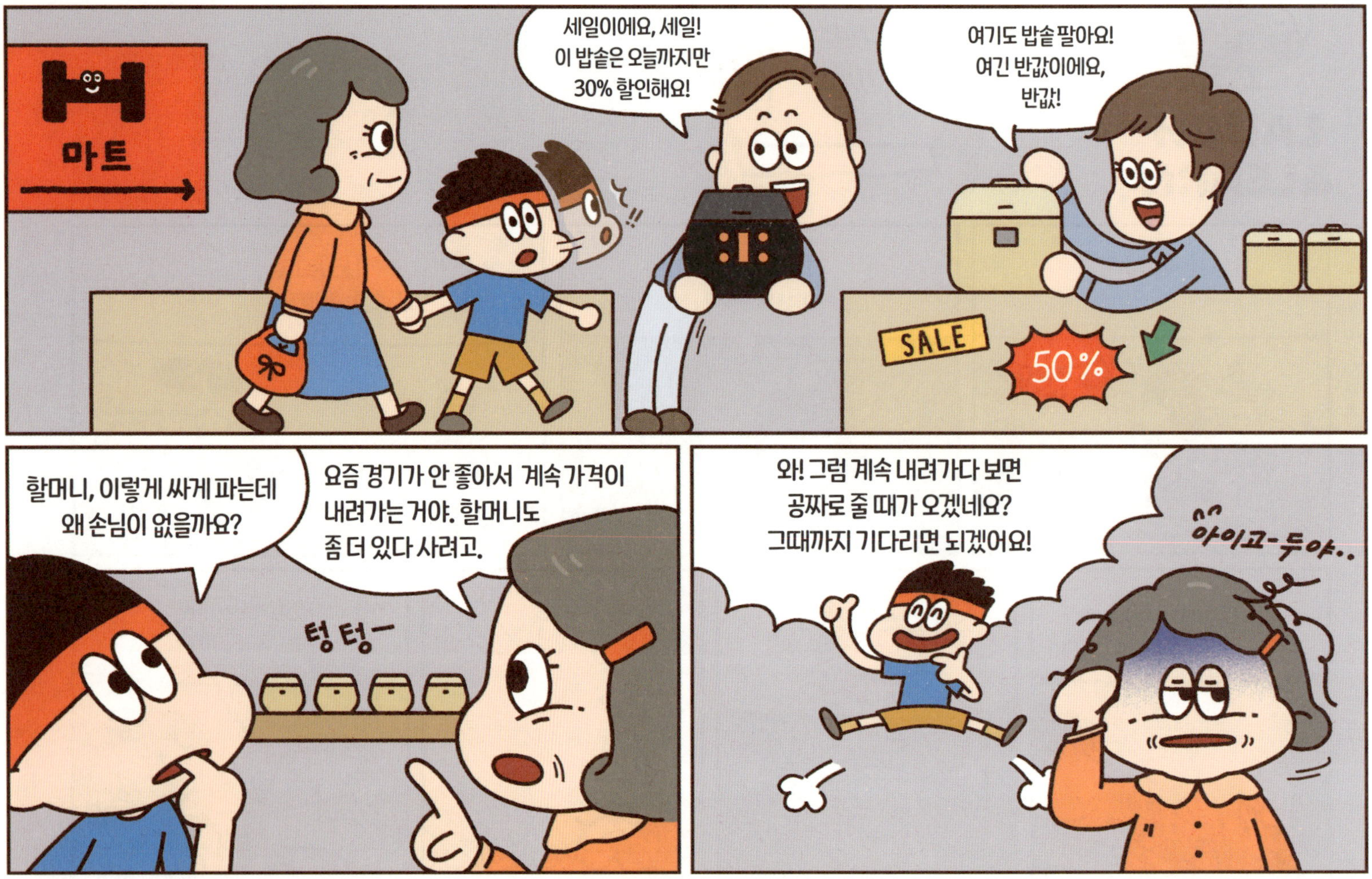

> 세일이에요, 세일! 이 밥솥은 오늘까지만 30% 할인해요!

> 여기도 밥솥 팔아요! 여긴 반값이에요, 반값!

> 할머니, 이렇게 싸게 파는데 왜 손님이 없을까요?

> 요즘 경기가 안 좋아서 계속 가격이 내려가는 거야. 할머니도 좀 더 있다 사려고.

> 와! 그럼 계속 내려가다 보면 공짜로 줄 때가 오겠네요? 그때까지 기다리면 되겠어요!

> 아이고-두야..

디플레이션 | 인플레이션과 반대되는 현상이에요. 나라 안에서 실제로 쓰는 돈의 양(통화량)이 줄어듦으로써 물가가 내려가고, 경제 활동도 안 좋아지는 상황을 말해요.

똑똑해지는 경제 용어

네덜란드병

'네덜란드병'이란 천연가스나 석유 같은 천연자원을 가진 나라가 자원의 가격이 올라 경기가 좋았다가, 시간이 지나면서 다른 산업에서 경쟁력을 잃고 경기가 나빠지는 상황을 말해요. 일명 '자원의 저주'라고도 하지요.

네덜란드는 1959년, 천연가스 유전을 발견한 뒤 천연가스 수출로 매년 수십 억 달러를 벌어들이며 호황을 누렸어요. 하지만 이 때문에 물가와 임금이 급격히 올랐고, 석유 제품을 제외한 제조업의 경쟁력이 떨어지며 극심한 경기 침체를 겪었어요. 즉, 특정 자원이 풍부한 것이 오히려 경제 발전의 걸림돌이 된 셈이지요. 지금은 어느 특정 분야만 잘 되면 전체 경제 상황이 좋아질 것이라는 섣부른 생각을 가진 이들을 경고하기 위해 네덜란드병이란 말을 쓰곤 해요.

No.08

똥 눌 때 보는 신문 경제

경제 이야기 01

5% 금리 받으려면
5시간은 기본!

그림 한자 사전 02
나무 목(木)

문해력이 저절로
신라의 만파식적

LAUGH & LEARN 03
오늘의 포인트 - manner

도전! 사고력왕

똥 눌 때 보는 만화 04
이자

경제 뭉치

① 예금이란 돈을 빌려 쓴 대가로 주는 돈이에요. (O/X)

② 정기 적금이란 금융 기관에 일정 금액을 일정 기간 동안 정기적으로 넣은 후 찾는 상품이에요. (O/X)

③ 예금과 적금 모두 돈을 모을 때 사용해요. (O/X)

O/O/X | 답정

특판 예금·적금에 몰리는 사람들

은행에 돈을 넣어 두면 '이자'를 받을 수 있어요. 이자란 남에게 돈을 빌려 쓴 대가로 주는 돈을 말하는데, 그 이자의 비율을 '금리'라고 해요. 은행은 고객이 맡겨 둔 돈을 필요한 사람에게 빌려주고, 돈을 맡긴 고객에게 이자를 줘요. 과거에 금리가 20%였을 때는 100만 원을 넣어 두면 1년 뒤, 120만 원을 받을 수 있었지요.

그러나 이제는 은행에서 이렇게 많은 이자를 주지 않아요. 그래서 금리가 높은 상품이 나오면 사람들의 관심이 높아져요. 다만 그 상품 수가 정해져 있어서 사람들은 새벽부터 줄 서서 상품에 가입하기도 해요.

그렇다면 은행에는 어떤 상품이 있을까요? 출금과 입금이 자유로운 보통 예금, 은행에 돈을 한 번에 맡겨 두었다가 찾는 정기 예금, 은행에 일정 기간 동안 일정 금액을 정기적으로 넣는 정기 적금 등의 상품이 있어요. 예금과 적금 모두 저축을 위한 상품이지요.

그림 한자 사전

나무 **목**

풀이 | 나무
필순 | 一 十 才 木

- 木石 목석 | 나무와 돌. 무뚝뚝한 사람
- 木星 목성 | 태양계의 다섯째 행성

풀다 보면 논리력이 저절로

💩 완성된 모양을 보고 알맞은 그림을 찾아보아요.

ⓒ | 킴요

읽다 보면 문해력이 저절로 - 한국사

신라의 만파식적

어느 날, 신라 신문왕이 점쟁이를 불러서 물어봤어요.
"이보게, 동해에 있던 작은 섬 하나가 감은사 쪽으로 떠내려왔네. 이게 무슨 징조인가?"
"전하, 돌아가신 문무왕과 김유신 장군이 전하께 값진 보물을 주려는 것 같습니다."
거북 머리처럼 생긴 그 섬 꼭대기에는 신기한 대나무 한 그루가 있었어요. 대나무는 낮이면 갈라져 둘이 되고, 밤이면 합쳐져 하나가 되었어요. 그러던 어느 날, 어디선가 검은 용이 나타났어요. 신문왕은 용에게 물었어요.
"이 대나무는 떨어졌다 합쳐졌다 한다는데, 도대체 그 이유가 무엇인가?"
"한 손으로는 소리가 안 나지만, 두 손을 마주치면 소리가 나는 것과 같습니다. 전하, 이 대나무로 피리를 만들어 부십시오. 그럼 오래도록 평화를 누릴 수 있을 겁니다."
그 말을 들은 신문왕은 대나무로 피리를 만들고, '만파식적'이라 불렀어요. 이후 신라는 오랜 시간 평화를 누렸답니다.

LAUGH & LEARN

Point: manner [매너] 태도

- 명사 뒤에 's를 붙이면 '~의'라고 소유를 표현하는 말이 돼요.

I like Lucy. 나는 루시를 좋아해.

나는 루시의 웃는 모습이 좋아.

I like Lucy's manners! 나는 루시의 태도도 좋아!

Lucy is Luke's sister. 루시는 루크의 누나야.
And I am Luke's friend. 그리고 나는 루크의 친구지.

소개할게. 내가 좋아하는 루시야.

도전! 사고력왕 – 사자성어

🟤 어려운 처지에 있는 사람끼리 서로 가엾게 여긴다는 말은?

ㄷ ㅂ ㅅ ㄹ

똥 눌 때 맞춤법!

① 오랜만에
② 오랫만에
보니 반갑구나.

똥 눌 때 보는 만화 – 이자

🧻 **은행이 이자를 주는 이유** | 우리가 은행에 돈을 맡기면 은행은 그 돈을 다른 사람에게 대출해 줘요. 은행은 대출받은 사람에게 높은 이자를 받은 후, 그중 일부를 우리에게 이자로 주는 거예요.

설화 속 경제 이야기

허생전 1 – 차례상에 과일이 없다고?

옛날에 하는 일이라곤 책 읽는 것뿐인 허생이라는 선비가 살았어요. 그러나 집이 가난해 먹고살기가 힘들어지자 허생은 책을 덮고 한양 최고 부자를 찾아가 대뜸 돈을 빌려 달라고 말했어요.
"내가 무얼 좀 해 보려고 하니, 만 냥만 꿔 주시오."
부자는 당당한 허생의 모습에 흔쾌히 돈을 내주고, 허생은 그 돈으로 온갖 과일을 사들였지요. 이윽고 추석이 되어 차례를 지내야 하는데, 허생이 모든 과일을 사 버렸으니 과일 없는 차례상을 차리게 될 판이었어요. 그러자 사람들은 앞다투어 허생에게 많은 돈을 주고 과일을 사 갔답니다. 이렇듯 허생처럼 미리 물건을 많이 사 두고 값이 오르길 기다렸다가 비싸게 파는 일을 '매점매석'이라고 해요.

나, 허생의 이야기는 14부에서 계속되네.

No.09

똥눌때보는신문 경제

경제 이야기　01
'금융가'라고 들어 봤니?

그림 한자 사전　02
문 문(門)

문해력이 저절로
마르코 폴로의 모험

LAUGH & LEARN　03
오늘의 포인트 - ball

도전! 사고력왕

똥 눌 때 보는 만화　04
금융 문맹

경제 뭉치

① 용돈을 은행에 저금하는 것은 금융에 해당하지 않아요. (O/X)

② 은행은 돈을 안전하게 맡기기만 하는 곳이에요. (O/X)

③ 은행, 증권사, 보험사 등을 가리켜 금융 기관이라고 해요. (O/X)

O/X/X | 답정

'금융가'라고 들어 봤니?

돌고 도는 돈, 어디로 모일까

'금융'이란 돈과 관련한 모든 것을 말해요. 돈이 필요한 곳에 쓰일 수 있도록 모아 놓기도 하고, 빌려주기도 하지요. 우리가 세뱃돈을 받아 은행에 저금하는 것도 금융에 해당해요.

은행은 사람들의 돈을 안전하게 맡아 주는 곳인데, 사람들은 필요할 때 은행에 맡긴 돈을 찾기도 하고 더 많은 돈이 필요하면 은행에서 빌리기도 하지요.

이처럼 은행은 금융을 전문적으로 다루는 곳이에요. 물론 이 밖에도 증권사, 보험사 등의 금융 기관이 있답니다. 이런 금융 기관들은 일을 조금 더 효율적으로 하기 위해 한데 모여 있는 경우가 많은데, 그런 곳을 '금융가'라고 불러요.

우리나라의 대표적 금융가로는 서울에 있는 여의도를 들 수 있어요. 미국 뉴욕의 월 스트리트, 일본 도쿄의 가부토초 등도 각국을 대표하는 금융가랍니다.

그림 한자 사전

門

문 문

풀이 | ①문 ②집안, 일가
필순 | 門 門 門 門 門 門 門 門

- 門前 문전 | 대문 앞. 집 앞
- 家門 가문 | 가족 또는 일가의 공동체

풀다 보면 논리력이 저절로

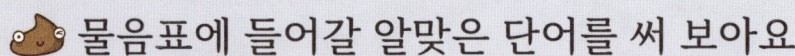
물음표에 들어갈 알맞은 단어를 써 보아요.

정답 | 옐로(노란색)

읽다 보면 문해력이 저절로 – 세계사

마르코 폴로의 모험

"저도 원나라에 가고 싶어요."
1271년, 이탈리아의 베네치아에 살던 17세 소년 마르코 폴로가 아버지에게 말했어요. 상인인 아버지는 며칠 후 원나라에 갈 예정이었거든요. 마침내 아버지와 함께 떠난 마르코 폴로는 '실크 로드'라는 길을 지났어요. 모래바람이 부는 사막에서 잠을 자는 등 힘든 날들이 이어졌지만 그는 포기하지 않았어요.
3년 후, 마르코 폴로는 원나라에 도착했어요. 그는 10년 넘게 원나라에 있다가 고향으로 돌아가서 사람들에게 자기가 보고 들은 것들을 알려 주었지요. 대부분의 사람은 마르코 폴로의 말을 믿지 않았어요. 그는 자신의 여행담을 《동방견문록》이라는 책으로 펴냈어요. 그제야 많은 사람들이 이 책에 주목했지요. 특히 아시아에 황금이 많은 나라가 있다는 이야기가 사람들의 눈길을 끌었지요. 이후 황금에 눈이 먼 유럽 사람들이 본격적으로 아시아를 탐험하기 시작했답니다.

LAUGH & LEARN

ball [볼] 공

- my 나의
- their 그들의
- our 우리의
- his 그의

도전! 사고력왕 – 속담

일이 일어나기도 전에 미리 기대하는 행동을 이르는 말은?

ㄱ ㅊ ㄱ 부터 마신다

똥 눌 때 맞춤법!

오늘 늦는다더니 ① 금새 ② 금세 왔네.

똥 눌 때 보는 만화 - 금융 문맹

- **금융문맹** | 금융에 대한 지식이 부족하여 돈을 제대로 관리하지 못하는 사람이나 상태를 뜻해요.
- **종신 보험** | 피보험자(보험 보장을 받는 사람)가 죽은 뒤, 가족 등 보험금 수령인에게 보험금을 지급하는 생명 보험 중 하나예요.

똑똑해지는 경제 용어

코브라 효과

코브라 효과는 어떤 문제를 해결하기 위해 시행한 대책이 예상치 못한 결과나 부작용을 가져오거나 상황을 더 나쁘게 만드는 경우를 말해요. 다른 말로는 '코브라 역설'이라고도 해요.

이는 인도의 사례에서 유래한 개념이에요. 인도가 영국의 지배를 받던 시기, 영국은 인도의 코브라 수를 줄이기 위해 코브라를 잡으면 보상금을 준다는 정책을 시행했어요. 처음엔 코브라를 잡아 오는 사람이 많아 효과가 있는 듯했어요. 하지만 점점 시간이 지나자 인도 사람들은 오히려 보상금을 받기 위해 집집마다 일부러 코브라를 키우기 시작했어요.

결국 코브라의 수는 더 늘어났고, 이 정책은 실패로 돌아갔답니다.

No.10 똥 눌 때 보는 신문 — 경제

글 김선 그림 이혜원 펴낸 곳 삼성출판사 주소 서울시 서초구 명달로 94 전화 080-470-3000 등록 번호 제 1-276호 홈페이지 www.mylittletiger.com 삼성출판사
이 책에 실린 글과 그림을 무단으로 복사, 복제, 배포하는 것은 저작권자의 권리를 침해하는 것입니다. ©삼성출판사

01 경제 이야기
주주 총회에 간 아이

02 그림 한자 사전
백성 민(民)

문해력이 저절로
천둥은 왜 치는 걸까?

03 LAUGH & LEARN
오늘의 포인트 - face

도전! 사고력왕

04 똥 눌 때 보는 만화
앱테크, 짠테크

경제 뭉치

① 주식을 발행해 자본을 모으는 회사를 '주식회사'라고 해요. (O/X)

② 주주 총회는 부자만 참여할 수 있어요. (O/X)

③ 미성년자는 회사의 주식을 살 수 없어요. (O/X)

X/X/O | 답정

주주 총회에 간 아이

나도 회사의 주인이 되고 싶어요

회사를 세우기 위해서는 아주 많은 돈이 필요해요. 이를 '자본'이라고 하지요. 필요한 돈이 많다 보니 회사에서는 '주식'이라는 증서를 발행하고 팔아서 투자금을 마련해요. 어떤 회사의 주식을 가진 사람을 '주주'라고 하는데, 주주는 회사 주식을 가짐으로써 회사의 일부를 갖게 되는 셈이지요.

사업이 잘돼서 회사가 이익을 내면 주주들이 이익을 나누어 갖기도 하지만, 회사가 망하게 되면 주주들은 손해를 보게 돼요. 그래서 주주들은 회사에 계속 관심을 갖고, 회사의 발전을 위해 자신의 목소리를 내기도 한답니다.

2024년에는 미성년자 주식 계좌가 90만 개를 돌파할 정도로 늘어났다고 해요. 어린 나이에도 경제에 관심을 갖는 친구가 늘어난 것이지요. 이대로라면 주주 총회에 다녀오는 아이가 점점 늘어나겠지요?

그림 한자 사전

民

백성 민

풀이 | 백성, 평민
필순 | 民 民 民 民 民

- 民家 민가 | 일반 백성이 사는 집
- 民心 민심 | 백성의 마음

풀다 보면 논리력이 저절로

 다음 그림을 보고 알맞은 모양을 찾아보아요.

① ② ③

정답 | ②

읽다 보면 문해력이 저절로 – 호기심

천둥은 왜 치는 걸까?

겨울철에 모자나 스웨터를 벗으면 탁탁 튈 때가 있어요. 이는 스웨터나 모자가 다른 옷 또는 머리카락과 마찰을 일으켜 생긴 정전기 때문이에요. 천둥은 이러한 정전기가 엄청 크게 발생한 것이랍니다.

낮 동안 태양열로 데워진 공기는 하늘로 올라가 구름이 되는데, 이 구름 안에는 작은 얼음 알갱이들이 있어서 이것들이 서로 부딪치면 정전기가 만들어져요. 이때 양전기를 띤 알갱이들은 위로 올라가고, 음전기를 띤 알갱이들은 아래에 모이게 돼요. 그러다 구름 속에 전기가 가득 차게 되면 땅으로 내려와 꽂히는데, 이것이 바로 천둥이랍니다.

이때 주위의 공기는 10,000°C 정도로 뜨거워지고 급격히 팽창하게 돼요. 이 팽창하는 소리가 바로 천둥소리랍니다.
"우아, 너무 뜨거워!"
이런 소리가 우리한테는 "우르릉 꽝!"으로 들리는 거예요.

보는신문

LAUGH &LEARN

Point face [페이스] 얼굴

- big 큰
- small 작은
- thick 두꺼운
- thin 얇은
- blond 금발(의)
- black 검정(의)

도전! 사고력왕 - 난센스

🟤 포도가 자기소개 하는 말은?

정답 | 포도당

똥 눌 때 맞춤법!

그걸 다 먹으면
① 어떡해!
② 어떻해!

정답 | ①

똥 눌 때 보는 만화 – 앱테크, 짠테크

- 🦠 **앱테크** | 스마트폰 앱을 사용하면서 돈을 버는 새로운 재테크 방법을 말해요.
- 🦠 **짠테크** | '짜다'와 '재테크'가 합쳐진 말로, 낭비를 막고 생활비를 아끼는 재테크 방법을 말해요.

세계 경제 위인

적십자사를 만든 앙리 뒤낭

앙리 뒤낭이 이탈리아 북부 지방을 지날 때였어요. 사방은 온통 피 흘리며 죽어 가는 병사들로 가득했어요. 프랑스군과 오스트리아군 사이에 벌어진 전투 때문이었지요.
앙리 뒤낭은 재빨리 그 자리를 벗어나려 했어요. 그때 문득 전쟁터에서 온몸을 바쳐 부상병을 돌본 나이팅게일이 떠올랐지요. 부끄러워진 그는 당장 달려가 다친 병사들을 도왔어요.
"여러분, 어서 나와 죽어 가는 병사들을 도와줍시다!"
그의 애절한 호소에 마을 사람들은 부상병들을 교회당과 광장으로 옮기고, 의사와 간호사를 모아 임시 병원을 만들었어요. 그때 앙리 뒤낭은 위급할 때 출동하는 구조대가 필요하다는 생각을 했어요.
이후 그는 빨간 십자가 모양을 표시한 '적십자사'를 만들었고, 지금도 의사와 간호사들은 적십자 표시를 한 구급차를 타고 다니며 수많은 사람의 목숨을 구해 내고 있답니다.

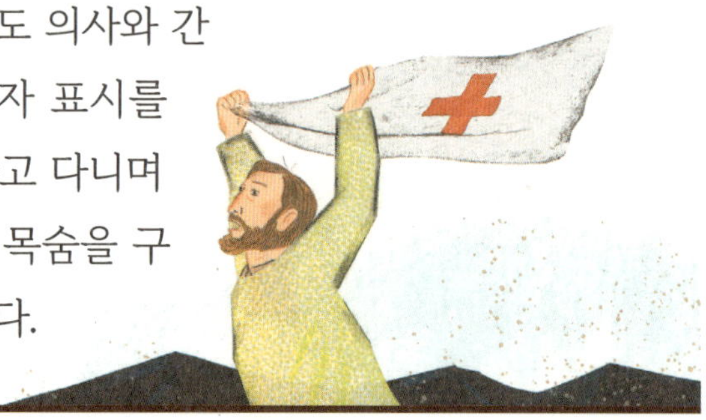

No.11

똥눌때보는신문 경제

글 김선 그림 이혜원 펴낸 곳 삼성출판사 주소 서울시 서초구 명달로 94 전화 080-470-3000 등록 번호 제 1-276호 홈페이지 www.mylittletiger.com 삼성출판사
이 책에 실린 글과 그림을 무단으로 복사, 복제, 배포하는 것은 저작권자의 권리를 침해하는 것입니다. ⓒ삼성출판사

경제 이야기   01
 100억 원짜리 성대 보험

그림 한자 사전   02
아비 부(父)

문해력이 저절로
임금님 귀는 당나귀 귀

LAUGH & LEARN   03
오늘의 포인트 - lion

도전! 사고력왕

똥 눌 때 보는 만화   04
다양한 보험

경제 뭉치

① 보험은 예상치 못한 일이 생겼을 때 도움을 받기 위해 가입해요. (O/X)

② 보험의 종류는 많지 않아요. (O/X)

③ 어린이를 위한 보험은 없어요. (O/X)

정답 | X/X/O

혹시 몰라 보험에 가입하는 사람들

사람들은 예상치 못한 사고로 돈이 필요한 경우를 대비해 보험에 가입해요. 예를 들어, 우리가 다쳤을 때 병원비가 많이 나올 것을 대비해서 보험에 가입하는 것이지요. 매달 조금씩 보험료를 내면 아프거나 다쳐서 갑자기 큰돈이 필요할 때 도움을 받을 수 있거든요. 그래서 많은 사람이 보험에 가입하고 있어요.

보험에는 여러 종류가 있어요. 집에 불이 나거나 자동차 사고를 겪는 등 일상에서의 피해를 보상해 주는 보험부터 여행 시 사고를 대비한 여행자 보험, 어린이 대상의 어린이 보험도 있지요. 최근에는 반려동물을 위한 펫 보험부터 특정 신체에 대한 보험까지 생겼는데, 가장 비싼 신체 보험으로는 100억 원짜리 성대 보험도 있어요. 우리나라의 한 인기 가수가 월드 투어를 다니면서 목 건강을 염려해 보험에 가입했다고 하는데, 납부금이 1억 원을 넘었다고 해요.

그림 한자 사전

父

아비 부

풀이 | 아비, 아버지
필순 | 父 父 父 父

- 父母 부모 | 아버지와 어머니
- 父親 부친 | 아버지

풀다 보면 논리력이 저절로

🍩 알맞은 짝을 찾아 선으로 이어 보아요.

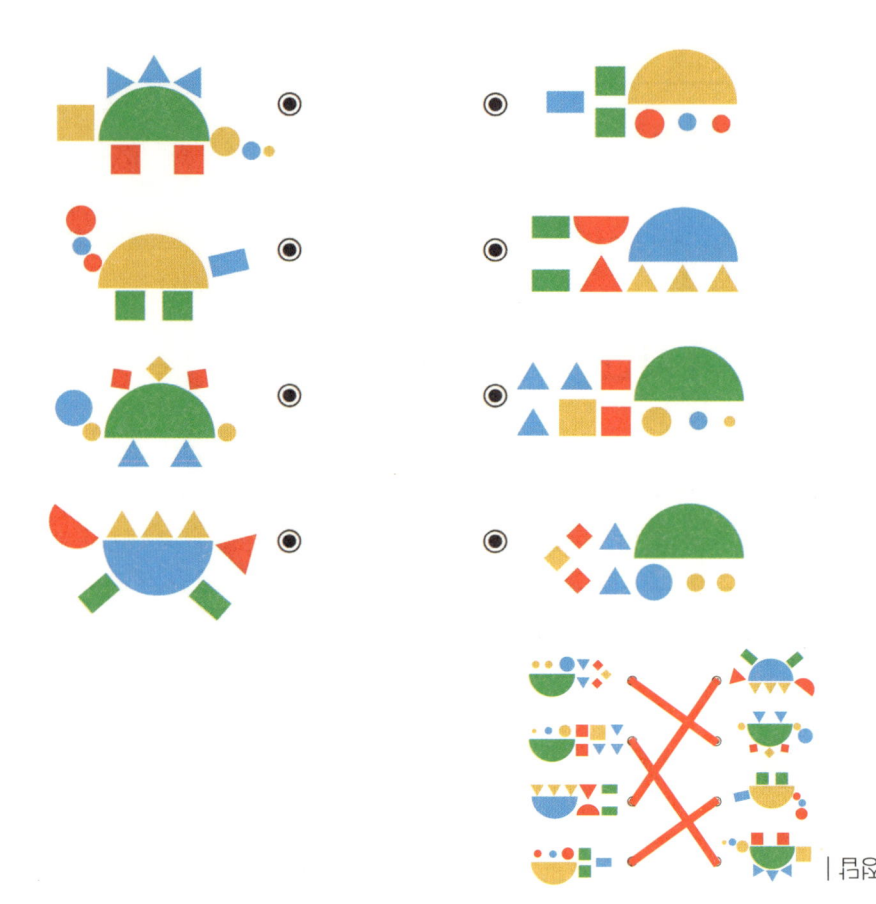

읽다 보면 문해력이 저절로 - 한국사

임금님 귀는 당나귀 귀

왕이 쓰는 모자를 만들던 복두장이는 어느 날, 왕의 귀를 보고 깜짝 놀랐어요. 왕의 귀가 당나귀 귀처럼 컸기 때문이에요. 복두장이는 왕의 비밀을 말하고 싶어 입이 근질근질했어요. 하지만 그랬다가 나쁜 일을 당할까 봐 입을 꼭 다물고 있었지요. 비밀을 간직한 복두장이는 가슴이 답답해 죽을 것만 같았어요. 결국 참다못한 그는 사람이 드문 대나무 숲으로 가서 목이 터져라 외쳤어요.

"임금님 귀는 당나귀 귀다!"

그 뒤로 대나무 숲에선 바람만 불면 "임금님 귀는 당나귀 귀다!"라는 소리가 들렸어요. 이 소리를 들은 백성들은 수군대기 바빴지요. 소문을 들은 왕은 화가 나 대나무를 전부 베어 버리고, 그 자리에 산수유나무를 심게 했어요. 하지만 그 뒤로도 숲에 바람이 불면 "임금님 귀는 당나귀 귀다!"라는 소리가 울려 퍼졌답니다.

보는신문

LAUGH & LEARN

Point: lion [라이언] 사자

- 영어에서 be동사는 '~이다'라는 뜻이에요. 주어에 따라 am, are, is를 쓰지요.

도전! 사고력왕 – 사자성어

🟤 나쁜 사람과 가까이 지내면 나쁜 것에 물들기 쉽다는 말은?

ㄱ ㅁ ㅈ ㅎ

똥 눌 때 맞춤법!

너의 속셈은 다
① 드러났어!
② 들어났어!

정답 | ① 근묵자흑

똥 눌 때 보는 만화 - 다양한 보험

- 펫 보험 | 반려동물이 질병이나 사고로 치료를 받아야 할 때 치료비를 보장해 주는 보험이에요.
- 보장 | 어떤 일이 어려움 없이 이루어지도록 조건을 마련해서 보증하거나 보호하는 것을 말해요.

똑똑해지는 경제 용어

베어 마켓 & 불 마켓

'베어 마켓(bear market)'이란 주식 시장에서 주가가 하락하거나 하락할 것으로 예상되는 장을 말해요. 곰을 뜻하는 '베어'가 붙은 이유는 느릿느릿한 곰처럼 거래가 활발하지 않기 때문이라는 말도 있고, 곰이 싸울 때 앞발을 위에서 아래로 내려 찍는 자세를 취하는 데서 유래했다는 말도 있어요.

베어 마켓의 반대 개념으로는 '불 마켓(bull market)'이 있어요. 불 마켓은 장기적으로 주가가 상승하거나 상승할 것으로 예상되는 장을 말해요. 황소가 공격할 때 뿔을 아래에서 위로 들이받는 모습이 주가가 상승하는 모습과 비슷해서 그런 이름이 붙었다는 이야기가 있어요.

하필 주식 시장에 황소와 곰이 등장하게 된 이유에 대해서는 의견이 분분한데, 황소와 곰이 서로 싸우도록 부추기는 미국의 전통 스포츠에서 유래했다는 설이 유력해요.

No.12

똥 눌 때 보는 신문 경제

글 김선 그림 이혜원 펴낸 곳 삼성출판사 주소 서울시 서초구 명달로 94 전화 080-470-3000 등록 번호 제 1-276호 홈페이지 www.mylittletiger.com 삼성출판사
이 책에 실린 글과 그림을 무단으로 복사, 복제 배포하는 것은 저작권자의 권리를 침해하는 것입니다. ⓒ삼성출판사

경제 이야기 01
 눈덩이처럼 늘어나는 빚더미

그림 한자 사전 02
집 가(家)

문해력이 저절로
유럽을 덮친 흑사병의 공포

LAUGH & LEARN 03
오늘의 포인트 - present

도전! 사고력왕

똥 눌 때 보는 만화 04
신용 점수

대출은 빚이에요

경제 뭉치

① 대출은 돈이 필요할 때 빌린 후 나중에 갚는 것을 말해요. (O/X)
② 대출 이자란 남에게 돈을 빌려 쓴 대가로 치르는 돈을 말해요. (O/X)
③ 대출한 돈을 갚지 못하면 내가 가진 재산을 빼앗길 수도 있어요. (O/X)

정답 O/O/O

'대출'이란 돈이 필요할 때 빌리고 나중에 갚는 것을 말해요. 예를 들어, 집을 사거나 학비를 내야 할 때 가지고 있는 돈이 부족하면 은행에서 대출을 받을 수 있어요. 다른 말로 '빚'이라고도 하지요.
그러나 돈을 공짜로 빌려주는 곳은 없어요. 빌린 금액에 따라 이자를 내야 하는데, 이를 '대출 이자'라고 해요. 돈을 많이 빌릴수록 내야 할 이자의 액수는 많아져요. 또한 돈을 빌릴 당시의 금리에 따라서도 이자 액수가 달라져요.
따라서 돈을 얼마나 빌릴 것인지, 언제 어떻게 얼마씩 갚아 나갈지 잘 생각해야 해요. 만약 빚을 갚지 못하면 더 많은 이자를 내거나, 재산을 빼앗기는 등 문제가 생길 수 있기 때문이에요.
또 은행에서는 아무에게나 돈을 빌려주지 않기 때문에 자신의 소득이나 재산 등을 고려해 대출이 가능한지 미리 꼭 확인해야 해요.

그림 한자 사전

집 가

풀이 | ①집, 집안 ②살다 ③학파
④전문가
필순 | 家家家家家家家家家家

- 家門 가문 | 집안. 집안의 사회적 지위
- 家庭 가정 | 가족이 함께 사는 공동체

풀다 보면 논리력이 저절로

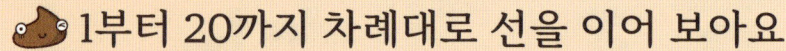
1부터 20까지 차례대로 선을 이어 보아요.

읽다 보면 문해력이 저절로 - 세계사

유럽을 덮친 흑사병의 공포

1347년, 몽골 군대가 유럽 동쪽에 있는 어느 도시의 성을 포위했을 때의 일이에요. 몽골 병사들이 성문 앞에 무언가를 버리고 도망갔어요. 성을 지키던 군인들이 가 보니 죽은 사람이 있었지요.

다음 날, 이상한 일이 일어났어요. 시체를 만진 병사들이 끙끙 앓기 시작했어요. 모두 몸에 열이 나고 피부가 검은 빛으로 변했는데, 얼마 안 가서 죽고 말았지요. 그제야 사람들은 몽골군이 전염병을 퍼뜨린 사실을 알았어요. 이 전염병이 바로 '흑사병'이에요.

시간이 지날수록 죽는 사람이 늘어났고, 몇몇 사람은 무서워서 성을 빠져나와 도망갔어요. 그들은 배를 타고 멀리 떨어진 섬으로 갔지요. 그런데 배에 탄 지 하루 뒤, 노 젓던 사람이 쓰러졌어요. 뒤이어 하나둘씩 사람들이 쓰러졌지요. 섬에 도착했을 때 배에 탄 대부분의 사람이 흑사병으로 죽고 말았어요. 이렇게 퍼진 흑사병은 1351년까지 유럽 인구의 3분의 1을 죽일 정도로 유행했고, 많은 사람은 죽음의 공포에 떨어야만 했어요.

보는신문

LAUGH & LEARN

Point
present [프레젠트] 선물

- on ~위에
- under ~아래에
- in ~안에
- chair 의자
- table 탁자
- bag 가방

도전! 사고력왕 – 속담

💩 비슷비슷한 사람끼리 다투거나 서로 비슷해 견주어 볼 필요가 없다는 뜻의 말은?

ㄷ ㅌ ㄹ 키 재기

똥 눌 때 맞춤법!

이번 과제에서 나의 ① 역할은 ② 역활은 무엇일까?

똥 눌 때 보는 만화 – 신용 점수

- 신용 점수 | 개인의 신용을 평가하는 지표로, 점수가 높을수록 신용도가 좋다는 의미예요.
- KCB | 한국 신용 평가 회사(Korea Credit Bureau)로, 개인의 신용 점수를 평가해 금융 거래의 기준을 제공해요.

탈무드 속 경제 이야기

재판에서 이긴 이유

중요한 재판을 앞둔 유대인이 변호사에게 말했어요.
"변호사님, 판사님에게 살찐 오리 한 마리를 선물하는 게 어떨까요? 그러면 아무래도 제게 유리한 판결을 내려 주시지 않을까요?"
"그건 절대 안 됩니다. 판사님은 아주 공정한 분으로 유명하시거든요. 만약 그런 일을 한다면 오히려 더 안 좋은 결과가 나올 겁니다."
하지만 그 유대인은 마음이 안 놓여 자기 뜻대로 판사에게 오리를 선물했어요. 그리고 재판에서 이겼지요. 이에 변호사는 고개를 갸웃거리며 말했습니다.
"정말 이상하군요! 그 판사님은 어떤 뇌물도 받지 않는 분인데, 어째서 이런 결과가 나왔을까요?"
유대인이 웃으며 말했습니다.
"이유가 있지요. 저는 그 오리를 상대방의 이름으로 보냈거든요."

No.13

똥눌 때 보는 신문 경제

경제 이야기 01
최초의 신용 카드는 어떻게 만들어졌을까?

그림 한자 사전 02
노래 가(歌)

문해력이 저절로
좋은 혀, 나쁜 혀

LAUGH & LEARN 03
오늘의 포인트 - so

도전! 사고력왕

똥 눌 때 보는 만화 04
선불 카드

경제 뭉치

① 신용 카드는 결제 금액을 당장 지불하는 수단이에요. (O/X)

② 체크 카드는 결제 금액을 나중에 갚는 지불 수단이에요. (O/X)

③ 신용 카드와 체크 카드 모두 현금을 사용하지 않고 거래할 수 있는 수단이에요. (O/X)

정답 | O/X/X

돈 없으면 카드 쓰면 되지 않아요?

물건을 살 때 현금을 내는 사람을 본 적 있나요? 과거에는 지폐와 동전으로 물건을 샀지만, 지금은 많은 사람이 카드를 이용해요. 카드를 단말기에 대면 결제가 되고, 결제일에 맞추어 돈을 지불하지요.

신용 카드는 1950년, 미국의 한 사업가가 사무실에 지갑을 놓고 레스토랑에 와 곤욕을 치른 뒤, 직접 만든 '다이너스 클럽'이란 카드 판을 내민 데에서 유래했다고 해요. 앞으로는 식사 후 카드 판에 사인을 하고 나중에 한꺼번에 돈을 내겠다고 한 것이지요. 이후 음식점에서 고객의 신용을 믿고 만들어 준 카드가 특정 레스토랑과 호텔을 중심으로 퍼져 나갔어요. 이것이 바로 신용 카드의 시작이 되었지요. 이렇듯 신용 카드란 사용자를 믿고 발급해 주는 카드예요. 이외에도 결제 시 자신의 은행 계좌에서 바로 돈이 빠져나가는 체크 카드 등의 지불 수단도 있답니다.

그림 한자 사전

歌

노래 가

풀이 | ①노래, 노래하다 ②노래 짓다
필순 | 歌歌歌歌歌歌歌歌歌歌歌歌歌歌

- 歌舞 가무 | 노래와 춤
- 歌詞 가사 | 노랫말

풀다 보면 논리력이 저절로

위에서 내려다본 그림으로 알맞은 것을 찾아보아요.

정답 | ①ⓒ ②ⓒ ③ⓒ

읽다 보면 문해력이 저절로 - 탈무드

좋은 혀, 나쁜 혀

어느 날, 랍비가 제자에게 심부름을 시켰어요.
"지금 시장에 가서 자네가 생각하기에 가장 값진 요리를 사 오게."
"알겠습니다, 선생님!"
제자는 곧 시장에 가서 짐승의 혀로 만든 요리를 사서 돌아왔지요. 며칠 후, 랍비는 또 그 제자를 불러 심부름을 시켰어요.
"이번에는 가장 값싼 요리를 사 오게."

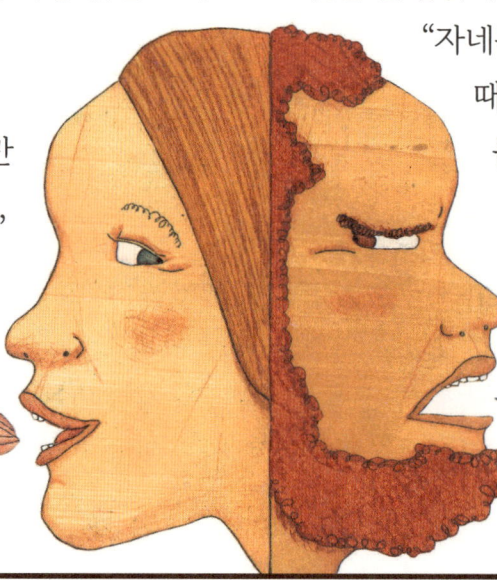

제자는 이번에도 짐승의 혀로 만든 요리를 사 왔어요. 그것을 본 랍비가 물었습니다.
"자네는 내가 가장 값진 요리를 사 오라고 했을 때도 혀를 사 오더니, 이번엔 가장 값싼 요리를 사 오라고 했는데 또 혀를 사 왔구나."
그러자 제자가 대답했어요.
"좋은 것으로 치면 혀만큼 좋은 것이 또 어디 있겠습니까? 또 나쁜 것으로 치면 혀만큼 나쁜 것도 없지 않습니까?"

보는신문

LAUGH & LEARN

Point: so [쏘] 정말

- not ~아니다, ~않다
- beautiful 아름다운
- cute 귀여운

You are not beautiful!
넌 아름다워!

Am I not beautiful?
내가 아름답지 않다고?

No, you are so beautiful!
아니, 넌 정말 아름다워!

You are not cute!
넌 귀여워!

Am I not cute?
내가 귀엽지 않다고?

No, you are so cute!
아니, 넌 정말 귀여워!

도전! 사고력왕 - 난센스

🟤 사과를 한 입 먹으면?

ㅍ ㅇ ㅇ ㅍ

똥 눌 때 맞춤법!

① 굳이 ② 구지
그런 말은
하지 않아도 돼.

똥 눌 때 보는 만화 - 선불 카드

🟤 **선불 카드** | 일정 금액의 현금을 미리 가상 계좌에 넣어 둔 뒤, 상품을 구입할 때 그 금액 내에서 결제할 수 있는 카드를 말해요. 은행 계좌와 직접 연결되어 있는 체크 카드와 비슷하지만 조금 달라요.

똑똑해지는 경제 용어

백로 효과

'백로 효과'란 많은 소비자가 구입하는 제품을 오히려 사지 않는 소비 현상을 뜻하는 말이에요. 아무나 쉽게 살 수 없는 값비싼 상품을 보면 오히려 사고 싶어 하는 특성에서 비롯되었어요. 즉, 소비자가 제품을 구매할 때 자신은 남들과는 다르다는 생각을 하는 것이 마치 백로와 같다고 해 백로 효과라고 하지요. 백로는 까마귀들이 몰려오면 멀리 떨어지려고 하기 때문이에요.

다른 말로는 '스놉 효과(snob effect)'라고도 하는데, 스놉은 잘난 척하는 사람을 비꼬는 말이에요. 이는 자신이 평소 즐겨 쓰던 물건이라도 그 물건이 대중적으로 인기가 높아지면서 많은 사람이 사용하면 그 물건 대신 남들이 잘 모르는 물건을 사용한다는 뜻이에요.

똥 눌 때 보는 신문 경제

No.14

글 김선 그림 이혜원 펴낸곳 삼성출판사 주소 서울시 서초구 명달로 94 전화 080-470-3000 등록 번호 제 1-276호 홈페이지 www.mylittletiger.com
이 책에 실린 글과 그림을 무단으로 복사, 복제, 배포하는 것은 저작권자의 권리를 침해하는 것입니다. ©삼성출판사

삼성출판사

01 경제 이야기

유통 기한이 지나도 괜찮다고?

02 그림 한자 사전
사이 간(間)

문해력이 저절로
임금님의 하루

03 LAUGH & LEARN
오늘의 포인트 - champion

도전! 사고력왕

04 똥 눌 때 보는 만화
마감 세일

경제 뭉치

① 유통 기한은 음식의 신선함과 품질을 보장하는 마지막 판매 날짜를 말해요. (O/X)

② 유통 기한이 지난 음식은 절대로 먹으면 안 돼요. (O/X)

③ 소비 기한은 소비자가 음식을 살 수 있는 날짜를 말해요. (O/X)

정답 X/X/O

유통 기한 대신 소비 기한

유통 기한이 지난 음식, 먹을까 말까 고민해 본 적 있나요? 음식은 신선하고 안전하게 먹는 것이 중요해요. 그래서 '유통 기한'과 '소비 기한'이라는 표시가 있답니다. 유통 기한은 음식의 신선함과 품질을 보장하기 위해 상점에서 판매할 수 있는 마지막 날짜를 말해요. 이 날짜가 지나면 팔 수가 없지요.
그럼 유통 기한이 지난 음식은 먹을 수 없을까요? 정답은 X예요. 유통 기한이 지났다고 해도 소비 기한이 지나지 않았다면 음식을 먹어도 괜찮아요. 소비 기한은 소비자가 음식을 안전하게 먹을 수 있는 마지막 날짜이기 때문이지요.
2023년, 정부는 식품에 유통 기한 대신 소비 기한을 표시하는 제도를 시행했어요. 다만 냉장 우유류는 냉장 유통 환경의 개선이 필요해 2031년부터 소비 기한 표시제를 도입할 예정이에요.

그림 한자 사전

間

사이 **간**

풀이 | ①사이, 틈 ②동안, 때
필순 | 間 間 間 間 間 門 門 門 間 間

- 間隔 간격 | 물건과 물건 사이
- 間食 간식 | 끼니 외에 먹는 군음식

풀다 보면 논리력이 저절로

🟤 물음표에 들어갈 알맞은 단어를 써 보아요.

정답 | make(만들다)

읽다 보면 문해력이 저절로 – 세계 문화유산

임금님의 하루

500년 조선 역사의 중심인 한양(서울)에는 경복궁, 창덕궁, 창경궁, 덕수궁 등 네 곳의 궁궐이 있어요. 그중 창덕궁은 본모습을 가장 잘 간직한 데다 자연과의 조화를 생각한 건축법이 돋보이지요. 정문인 돈화문을 들어서면 오른쪽에 북쪽에서 남쪽으로 흐르는 금천이 있어요. 금천교라 부르는 돌다리를 건너 진선문을 지나면 넓은 마당이 나와요. 마당 왼쪽의 인정문으로 가면 정면에 인정전이 우뚝 솟아 있어요. 임금님이 아침 일찍 신하들의 인사를 받고 나랏일을 논하던 곳이지요. 임금님은 아침부터 바빴어요. 아침 공부를 하고, 웃어른에게 인사를 드리고, 아랫사람들의 인사를 받고 나서야 아침 식사를 했지요. 그다음 처리해야 할 나랏일과 만나야 할 사람이 끝도 없이 많았어요. 저녁에도 책을 읽고, 웃어른의 시중을 들기도 했지요. 임금님은 나라의 지도자인 만큼 누구보다 모범을 보여야 했고, 백성을 책임져야 했기에 할 일이 무척 많았답니다.

창덕궁 전경

보는 신문

LAUGH & LEARN

Point champion [챔피언] 우승자

- be동사가 제일 앞에 오는 문장은 '~인가요?', '~에 있나요?' 하고 물어보는 말이에요.

도전! 사고력왕 – 사자성어

💩 많으면 많을수록 더욱 좋다는 말은?

ㄷ ㄷ ㅇ ㅅ

똥 눌 때 맞춤법!

① 곰곰히
② 곰곰이

생각하고 말해 줘.

똥 눌 때 보는 만화 – 마감 세일

🟤 **마감 세일** | 한정된 수량의 물건을 제한된 시간 안에 할인 판매해 재고를 없애는 것을 뜻해요. 마트에 늦은 시간이나 마감 세일 기간에 가면 평소보다 물건을 훨씬 더 저렴하게 살 수 있어요.

설화 속 경제 이야기

허생전 2 – 머리를 묶지 못한 조선 양반들

과일로 큰돈을 번 허생이 이번에는 제주도로 향했어요. 제주도는 말이 유명한 섬이에요. 말의 갈기나 꼬리에 있는 털을 말총이라고 하는데, 이번에는 허생이 이 말총을 죄다 사 버렸어요. 사실 말총은 조선 시대 양반들이 머리카락이 흘러내리지 않도록 고정하기 위해 사용하는 망건을 만들 때 꼭 필요한 재료였어요.

얼마 지나지 않아 조선 팔도에서는 말총을 구하지 못해 난리가 났지요. 결국 사람들은 10배나 비싼 값으로 허생에게 말총을 사 갔어요. 그렇게 허생은 또 큰돈을 벌었답니다.

그러나 허생은 안타까워하며 이렇게 말했어요.
"단돈 1만 냥으로 온갖 과일값을 좌우하고, 돈을 벌었으니 우리나라의 형편을 알 만하구나."

사실 《허생전》은 조선 시대 학자인 박지원이 쓴 소설이에요. 그는 나라에서 상업을 적극적으로 권장해야 한다는 것을 허생이라는 인물을 통해 알려 준 것이지요.

No.15

똥 눌 때 보는 신문 경제

| 경제 이야기 | 01 |
매장에는 없지만 이곳에는 있다고?

| 그림 한자 사전 | 02 |
강 강(江)

문해력이 저절로
영원한 사랑

| LAUGH & LEARN | 03 |
오늘의 포인트 - different

도전! 사고력왕

| 똥 눌 때 보는 만화 | 04 |
리셀

경제 뭉치
다음 중 중고 거래를 할 수 있는 물건은 무엇일까요?

① 선물로 받았지만 이제는 더 이상 사용하지 않는 깨끗한 장난감
② 재미있는 페이지만 뜯어 놓은 책
③ 먹다 남은 빵과 음료수

정답 ① 중고 거래는 다른 사람에게 필요한 물품을 팔 수 없어요. 먹다 남은 음식물이나 훼손된 물품은 팔 수 없답니다.

중고 거래, 필요한 물건도 사고 환경도 지키고

갖고 싶은 물건인데 혹시 더 이상 팔지 않아서 아쉬웠던 적 있나요? 그럴 때 찾아보는 것 중 하나가 바로 중고 제품이에요. 중고 거래는 새 제품은 아니지만 사용한 제품을 서로 사고파는 일을 말해요. 깨끗하게 잘 사용한 장난감이나 책, 가구, 전자 제품 등은 중고 거래로 많이 사고파는 물건이지요.

안 쓰는 물건을 중고로 사고팔면 파는 사람은 돈을 벌 수 있어서 좋고, 사는 사람은 필요한 물건을 싸게 살 수 있어서 좋아요. 또 물건이 함부로 버려지는 일이 줄어들어 환경 보호에도 도움이 되지요.

다만 중고 거래를 할 때 조심해야 할 점이 있어요. 물품을 구입했는데 보내 주지 않거나, 보내 주겠다고 하고는 전혀 다른 물건을 보내는 중고 사기예요. 그래서 최근엔 이를 예방하기 위해 '안전 결제', '안심 결제' 등이 생겨났답니다.

그림 한자 사전

江

강 강

풀이 | ①강 ②큰 내 ③물 이름
필순 | 江江江江江江

- 江南 강남 | 강의 남쪽
- 江邊 강변 | 강가

풀다 보면 논리력이 저절로

🗨️ 다음 그림을 보고 알맞은 모양을 찾아보아요.

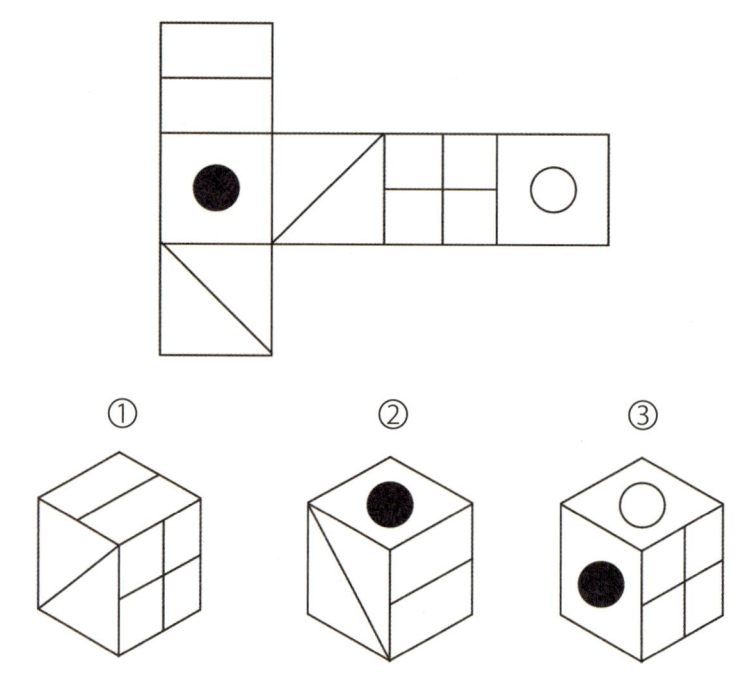

정답 | ②

읽다 보면 문해력이 저절로 – 명화

영원한 사랑

보티첼리의 〈비너스의 탄생〉은 사랑과 미의 여신 비너스가 바다 거품에서 태어나 해안에 도달하는 순간을 담고 있어요. 그림의 왼쪽에는 서풍의 신 제피로스가 바람을 일으켜 비너스를 해안으로 이끌고 있지요. 비너스의 오른쪽에는 계절의 신 호라이가 꽃을 수놓은 외투를 들고 비너스를 맞이하고 있네요.

비너스는 오른손을 가슴에 얹고 왼손과 머리카락으로 아랫부분을 살며시 가리고 있는데, 이는 고대의 비너스 조각상에서 나온 자세예요. 비너스가 해안에 도착했다는 것은 인간 세상에 사랑이 찾아왔다는 뜻일지도 몰라요.

비너스의 탄생 | 172.5×278.5cm | 1485년 | 피렌체 우피치 미술관

보는 신문

LAUGH &LEARN

Point different [디퍼런트] 다른

- blue 파랑
- bus 버스
- hamburger 햄버거
- pink 분홍
- subway 지하철
- steak 스테이크

I like blue. 나는 파랑을 좋아해.
She likes pink. 그녀는 분홍을 좋아하지.

나는 록 음악을 좋아하지만, 그녀는 고전 음악을 좋아해.

I take a bus to go home. 나는 집에 갈 때 버스를 타지.
She takes a subway to go home. 그녀는 지하철을 타.

나는 야구를 좋아하지만, 그녀는 테니스를 좋아하지.

I eat a hamburger. 나는 햄버거를 먹어.
She eats steak. 그녀는 스테이크를 먹어.

We are different. 우리는 달라.

하지만 나는 그녀를 좋아하고, 그녀도 날 좋아해.

도전! 사고력왕 – 관용어

💩 두 사람의 마음이 서로 통한다는 의미의 말은?

ㄴ 이 맞다

똥 눌 때 맞춤법!

이 옷은 색깔이
① 무난한 것 같아.
② 문안한 것 같아.

똥 눌 때 보는 만화 - 리셀

리셀(resell) | 한정판 제품 등 인기 있는 제품을 구매한 뒤 비싸게 되파는 행위를 말해요. 인기 있는 제품(한정판 패션 아이템, 전자 제품, 운동화 등)은 원래 가격인 정가보다 더 비싸게 거래되는데 이때 가격을 '리셀가', 파는 사람을 '리셀러'라고 합니다.

똑똑해지는 경제 용어

톱니 효과

톱니바퀴는 한쪽 방향으로 돌기 시작하면 반대로 돌아가기 어려워요. 이런 성질에 빗대어 '톱니 효과'라는 말이 생겼지요. 톱니 효과란 한번 올라간 소비 수준이 쉽게 떨어지지 않는 현상을 말해요. 소득이 늘면 대체로 소비도 늘어나게 돼요. 하지만 경기가 좋지 않아 소득이 줄어들면 어떻게 될까요? 한번 늘어난 소비는 쉽게 줄어들지 않는답니다. 왜냐하면 이미 형성된 사람들의 소비 습관은 고치기가 어렵기 때문이에요.

생산에서도 마찬가지예요. A 회사가 새로운 기능을 추가한 제품을 출시하면 B 회사는 거기에 더해 또 다른 기능을 추가한 제품을 출시해요. 그런 식으로 계속해서 앞으로만 나아가는 거지요. 그래서 시장에서의 톱니 효과는 경기 침체를 막는 역할을 하기도 해요.

No.16

똥 눌 때 보는 신문 경제

경제 이야기 01
내 손 안의 쇼핑 천국

그림 한자 사전 02
수레 거/차(車)

문해력이 저절로
지금도 지구가 돌고 있다고?

LAUGH & LEARN 03
오늘의 포인트 - correct

도전! 사고력왕

똥 눌 때 보는 만화 04
만족 지연의 기쁨

클릭 한 번으로 구매 완료!

'이커머스'란 '전자 상거래(Electronic Commerce)'의 약자로, 마트나 편의점 같은 가게에서 물건을 사고파는 것이 아니라 온라인에서 물건을 사고파는 거래를 말해요.

손가락만 몇 번 까딱하면 필요한 물건을 편리하게 살 수 있어요. 언제 어디서나 쇼핑이 가능하고, 다양한 물건을 여러 쇼핑몰에서 팔다 보니 좀 더 싼 가격으로 물건을 살 수 있는 기회도 많지요. 때로는 물건보다 배송비가 더 비싼 경우도 있어서 여러 쇼핑몰에서 검색한 후 배송비가 포함된 가격을 비교해 가장 저렴한 곳에서 구매하기도 해요.

요즘은 여러 이커머스 업체에서 새벽 배송이나 당일 배송 등의 서비스를 제공해 오프라인 상점에서 물건을 사는 것만큼 빠르게 물건을 받을 수 있어요. 온라인 쇼핑이 늘어나면서 우리 주변의 작은 슈퍼마켓이나 상점이 사라지고 있답니다.

경제 뭉치

① 우리는 인터넷을 이용해 물건을 살 수 있어요. (O/X)

② 온라인 쇼핑몰에 있는 물건들은 모두 저렴하고 좋아요. (O/X)

③ 온라인 쇼핑은 배송받기까지 시간이 오래 걸려요. (O/X)

정답 | O/X/X

그림 한자 사전

車

수레 거 / 차

풀이 | ①수레, 수레의 바퀴 ②자동차 ③도르래

필순 |

- 車庫 차고 | 차를 넣는 창고
- 客車 객차 | 사람을 태우는 열차

풀다 보면 논리력이 저절로

💩 빈칸에 들어갈 알맞은 그림을 찾아보아요.

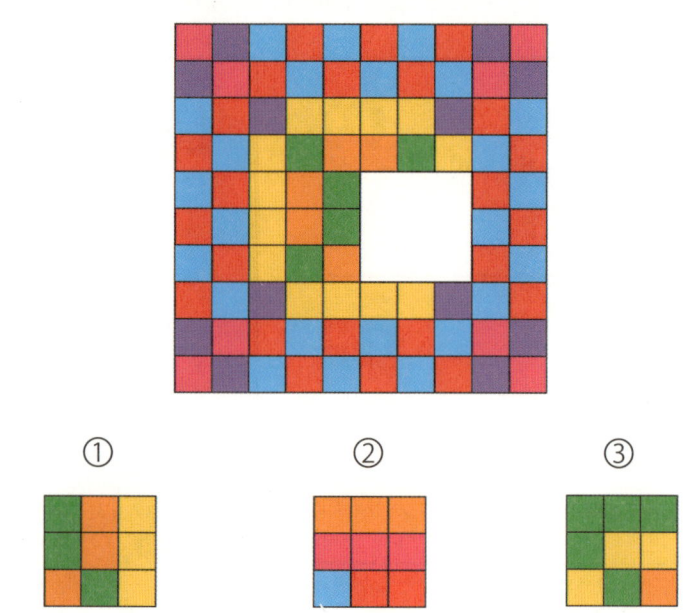

정답 | ①

읽다 보면 문해력이 저절로 – 호기심

지금도 지구가 돌고 있다고?

아주 먼 옛날, 사람들은 지구가 도는 것이 아니라 태양이 지구 주위를 돌고 있다고 생각했어요. 이것이 바로 하늘이 지구를 중심으로 돈다고 믿는 '천동설'이지요. 16세기에 코페르니쿠스라는 과학자는 지구가 태양을 중심으로 돌고 있다는 '지동설'을 주장했지만, 아무도 믿지 않았답니다. 그 후 갈릴레이가 코페르니쿠스의 지동설이 맞다는 걸 증명해 냈지만, 사람들은 쉽게 받아들이지 않았어요. 지구가 빙글빙글 돈다면 땅 위에 사는 사람들이 그걸 느껴야 한다고 생각했으니까요.

지구는 돌고 있더라도 짧은 시간으로 보면 거의 직선으로 움직인 것이나 다름없어요. 워낙 크기 때문이지요. 그리고 지구에는 중심에서 모든 것을 끌어당기는 힘이 있는데, 이것을 '중력'이라고 해요. 건물이든 사람이든 나무든 구름이든 모두 중력에 꼭 붙들린 채 일정한 속도로 움직이기 때문에 실제로 지구가 돌아도 우리는 그것을 느낄 수 없는 거예요. 만약 중력이 없으면 앉거나 서지 못하고, 몸이 붕 뜨게 될 거예요.

LAUGH & LEARN

Point: correct [코렉트] 맞는, 정확한

- pretty 예쁜
- run 달리다
- swim 수영하다
- happy 행복한

도전! 사고력왕 – 난센스

 소나무가 삐지면?

정답 | 칫솔

똥 눌 때 맞춤법!

너를 보면서
① 설렘을 ② 설레임을
느꼈어.

정답 | ①

똥 눌 때 보는 만화 – 만족 지연의 기쁨

만족 지연 | 즉각적 만족이나 즐거움을 미루고, 이후 더 큰 보상이나 기쁨을 얻을 때까지 참는 것을 말해요. 가령 숙제를 끝내지 않고 게임을 하면 즐겁긴 하지만 마음이 불안해요. 당장의 즐거움 대신 빨리 숙제를 끝내면 이후 게임을 더 즐겁게 할 수 있어요.

세계 경제 위인

노벨이 상을 만든 이유

어느 날 아침, 신문을 보던 노벨은 깜짝 놀랐어요. '죽음의 사업가, 다이너마이트왕이 죽다'라는 제목으로 자신의 사망 기사가 났기 때문이었지요. 알고 보니 기자가 실수로 잘못 쓴 기사였지만 노벨은 큰 충격을 받았어요. '내가 진짜 죽은 뒤에는 사람들이 저런 기사를 내겠구나.' 다이너마이트가 전쟁에 사용되면서 노벨은 자신의 발명에 죄책감을 느꼈어요. 그래서 죽기 전에 뭔가 뜻깊은 일을 해야겠다고 마음먹었지요. 그러고는 천천히 유언을 써 내려갔어요. 자신의 재산 대부분을 전 세계의 평화와 번영을 위해 애쓴 사람에게 상금으로 주라는 내용이었지요. 그렇게 탄생한 '노벨상' 시상은 1901년부터 현재까지 이어져 왔고, 2024년 우리나라의 한강 작가가 아시아 여성 최초로 노벨문학상을 수상하는 쾌거를 이루었답니다.

똥 눌 때 보는 신문 경제

No.17

경제 이야기 01

사고 또 사고, 소비 부추기는 사회

그림 한자 사전 02
입 구(口)

문해력이 저절로
앞날을 내다보는 거울

LAUGH & LEARN 03
오늘의 포인트 - make noise

도전! 사고력왕

똥 눌 때 보는 만화 04
충동구매, 보복 소비

사고 또 사고, 소비 부추기는 사회

경제 뭉치

① 소비란 살아가는 데 필요한 것만 사는 것을 말해요. (O/X)
② 필요 이상으로 물건을 사는 것을 과소비라고 해요. (O/X)
③ 내가 장난감이 갖고 싶어서 산 것은 필요에 의한 소비예요. (O/X)

X/O/X | 昂정

필요에 의한 소비 vs 욕구에 의한 소비

'소비'란 돈, 시간, 노동을 이용해서 물건과 서비스를 사는 것을 말해요. 지금 입고 있는 옷, 오늘 먹은 음식, 가지고 노는 장난감 등은 모두 소비로 얻은 것이지요. 소비는 평생에 걸쳐 일어나기 때문에 우리 생활에서 중요한 부분을 차지해요.

소비에는 두 가지가 있는데, 필요에 의한 소비와 욕구에 의한 소비가 있어요. 쌀, 물, 휴지처럼 생활에 꼭 필요한 생필품을 사는 것은 필요에 의한 소비예요. 그러나 장난감, 장식품처럼 꼭 필요하지는 않지만 갖고 싶어서 사는 건 욕구에 의한 소비이지요.

욕구에 의한 소비를 할 때는 '과소비'를 조심해야 해요. 과소비란 돈이나 물품 등을 지나치게 많이 쓰는 것을 말하는데, 과소비를 하게 되면 정말 필요한 물건을 사거나 서비스를 이용해야 할 때 돈이 부족해 힘들어질 수 있어요.

2

그림 한자 사전

입 구

풀이 | ①입 ②말하다
필순 | 口 口 口

- 人口 인구 | 일정 지역에 사는 사람의 수
- 入口 입구 | 들어가는 문

풀다 보면 논리력이 저절로

🟤 물음표에 들어갈 알맞은 숫자를 찾아보아요.

1 3 5
7 9 ?

① 10　　② 11　　③ 12

정답 | ③

읽다 보면 문해력이 저절로 – 한국사

앞날을 내다보는 거울

당나라 상인 왕창근이 철원에 방문했을 때의 일이에요. 왕창근은 한 시장에서 백발에 흰 수염을 기른 노인을 만났어요. 그 노인은 한 손엔 거울, 다른 한 손엔 밥그릇을 들고 있었지요. 왕창근이 다가가자 노인은 거울이 탐나지 않느냐고 물었어요. 그 거울이 보통 거울이 아니라고 생각한 왕창근은 노인에게 쌀을 주고 거울을 샀어요. 노인은 받은 쌀을 거지들에게 나누어 준 뒤 홀연히 사라져 버렸어요. 왕창근은 거울을 이리저리 살펴보았지만, 그냥 보통 거울처럼 보였어요. 그런데 거울에 햇빛이 반사되자 놀라운 일이 벌어졌어요. 거울 속에 이상한 글씨가 나타난 거예요. 왕창근은 그 뜻을 몰라 글을 잘 아는 선비를 찾아갔어요. 선비는 이렇게 말했지요.
"왕건이 궁예를 몰아내고 삼국을 통일한다고? 설마…."
그런데 얼마 뒤, 정말 왕건이 궁예를 몰아내고 삼국을 통일했답니다.

보는신문

LAUGH &LEARN

- park 공원
- forest 숲
- everyday 매일
- together 함께, 같이

도전! 사고력왕 – 사자성어

🟤 입장을 바꾸어 다른 사람의 처지에서 생각해 본다는 말은?

| ㅇ | ㅈ | ㅅ | ㅈ |

똥 눌 때 맞춤법!

① 제작년에
② 재작년에
너를 처음 봤어.

똥 눌 때 보는 만화 - 충동구매, 보복 소비

- **충동구매** | 물건을 살 생각이 없었는데, 구경하거나 광고를 보다가 갑자기 물건이 갖고 싶어져 충동적으로 구매하는 행위를 말해요.
- **보복 소비** | 한동안 억눌렸던 소비가 한꺼번에 폭발적으로 증가하는 현상을 말해요.

똑똑해지는 경제 용어

승자의 저주

'승자의 저주'란 치열한 경쟁 끝에 얻은 것을 막상 자세히 들여다보면 오히려 손해를 본 것과 같은 상황임을 비유하는 말이에요. 예를 들어 어떤 상품을 경매로 구매한 경우, 그 상품을 낙찰받은 승자가 경쟁자들과 가격 경쟁을 하다가 필요 이상으로 큰돈을 지불했을 가능성이 높지요. 이를 두고 다른 말로 '승자의 불행', '승자의 재앙'이라고도 해요. 대표적 사례로는 기업의 인수·합병을 들 수 있어요. 경매로 나온 기업을 누가 차지하는가를 두고 경쟁이 치열해지면 어떤 기업은 실제 가치보다 더 높은 가격을 제시하게 돼요. 그 결과, 기업을 인수하는 데 성공하더라도 큰돈을 지불한 기업은 재정이 악화돼 오히려 손해를 입게 되지요.

똥 눌 때 보는 신문 — 경제

No.18

목차

경제 이야기 01
싼 게 비지떡?

그림 한자 사전 02
기운 기(氣)

문해력이 저절로
종교 재판에 선 과학자

LAUGH & LEARN 03
오늘의 포인트 - all the time

도전! 사고력왕

똥 눌 때 보는 만화 04
가심비

경제 뭉치

① 가격 대비 성능이 좋은 물건을 가성비가 좋다고 해요. (O/X)

② 물건을 구입할 때는 무조건 가격이 싼 걸 골라야 해요. (O/X)

③ 가성비를 잘 생각해서 구입하면 돈을 아낄 수 있어요. (O/X)

정답 | O/X/O

싼 게 비지떡?

가성비에 눈 돌리는 소비자

"싼 게 비지떡"이라는 속담을 들어 봤나요? 비지떡은 쌀 대신 콩비지에 밀가루를 넣어 만든 떡이에요. 즉, 값싼 물건은 품질이 나쁘다는 뜻이지요. 속담처럼 가격이 싸다고 해서 무조건 구입하는 건 좋은 선택이 아닐 수 있어요. 물건을 살 때는 가격뿐 아니라 품질 등 여러 방면을 살펴봐야 해요. 만약 싸다고 해서 샀는데 물건이 금방 고장 난다면 오히려 돈만 낭비하는 꼴이 될 테니까요.

물론 때때로 가격이 저렴하면서 성능이 좋은 물건도 있어요. 저렴하게 샀지만 튼튼하고 오래 사용할 만한 물건도 있지요. 우리는 이런 물건을 '가성비'가 좋다고 이야기해요. 가격 대비 성능이 좋기 때문이지요. 따라서 가성비를 잘 생각하면서 물건을 구매해야 후회를 줄일 수 있어요. "같은 값이면 다홍치마"라는 말처럼 가격 대비 품질이 좋은 물건을 잘 골라 보아요.

2

그림 한자 사전

기운 기

풀이 | ①기운, 기세 ②기체 ③호흡
④날씨 ⑤심기, 품성
필순 | 氣氣氣氣氣氣氣氣氣氣

- 氣槪 기개 | 굽히지 않는 강한 기상
- 氣力 기력 | 정신과 육체의 힘

풀다 보면 논리력이 저절로

💩 물음표에 들어갈 알맞은 숫자를 써 보아요.

읽다 보면 문해력이 저절로 - 세계사

종교 재판에 선 과학자

"갈릴레이, 지금도 지구가 태양 주위를 돈다고 생각하나?" 이탈리아 로마에서 열린 재판에서 재판장이 갈릴레이에게 한 질문이에요. 이 재판이 열리기 전, 로마 교황은 갈릴레이에게 지구가 태양 주위를 돈다고 말하면 사형을 시킬 거라고 협박했어요. 그래서 갈릴레이는 어떻게 말해야 할지 망설였지요.

사실 갈릴레이는 자신이 발명한 망원경으로 우주를 관찰하던 중, 지구가 태양 주위를 돈다는 사실을 발견했어요. 그리고 이 사실을 발표하자, 교황은 크게 화를 냈어요. 왜냐하면 고대부터 사람들은 태양이 지구 주위를 돈다고 생각했기 때문이에요. 《성경》에도 하느님이 창조한 지구가 우주의 중심이라고 나와 있었거든요. 교황은 갈릴레이 때문에 사람들이 《성경》을 믿지 않을까 봐 걱정한 거예요. 그래서 갈릴레이를 체포해 종교 재판을 연 것이지요. 고민 끝에 갈릴레이는 태양이 지구의 주위를 돈다고 대답해 목숨만은 건졌어요. 하지만 갈릴레이는 죽을 때까지 지구가 태양의 주위를 돈다고 생각했답니다.

보는신문

LAUGH &LEARN

Point: all the time [올 더 타임] 항상, 매번

- make ~ angry ~를 화나게 하다
- cut in line 새치기를 하다
- get tired 피곤해지다

You make me angry all the time.
너는 항상 나를 화나게 해.

너는 차례를 지키지 않고 항상 새치기를 하지.

You get tired all the time.
너는 항상 피곤해지지.

그들은 항상 나를 화나게 하지.

They cut in line all the time.
그들은 항상 새치기를 해.

그들은 항상 피곤해져.

도전! 사고력왕 – 속담

💩 일이 이미 잘못된 뒤에는 손을 써도 소용이 없다는 의미의 말은?

ㅅ 잃고 ㅇㅇㄱ 고친다

똥 눌 때 맞춤법!

① 어이없이
② 어의없이
넘어지고 말았어.

똥 눌 때 보는 만화 – 가심비

- **가심비** | 가격 대비 심리적 만족도를 뜻하는 말로, 조금 비싸더라도 심리적 만족감이 높은 걸 중요시하는 소비 방식이에요.
- **가성비** | 가격 대비 성능의 비율을 뜻하는 말로, 어떤 상품에 대해 정해진 시장 가격에서 기대할 수 있는 성능과 효율의 정도를 말해요.

탈무드 속 경제 이야기

오리 한 마리를 200달러에 파는 방법

기나긴 전쟁 탓에 식량을 구하기 어려운 때가 있었어요. 그런데 한 유대인 상인이 오리 한 마리를 200달러에 팔아서 많은 돈을 벌고 있었어요. 물론 법을 어기는 행위였지만, 상인은 아무 문제 없이 장사를 했어요.
이웃집 장사꾼이 그 유대인을 따라 오리 한 마리를 200달러에 팔겠다며 신문에 광고를 냈지요. 그러나 손님이 오기도 전에 경찰관이 먼저 와서 법을 어겼다며 오리를 모두 압수해 버렸어요. 한숨을 쉬는 이웃집 장사꾼을 보며 유대인 상인이 웃으며 말했어요.

"애고, 장사는 그렇게 하는 게 아닙니다. 저는 '교회 마당에서 200달러를 잃어버렸습니다. 찾아 주시는 분에게는 감사의 표시로 오리 한 마리를 드리겠습니다.'라고 광고를 냈지요. 그러자 사람들이 200달러를 들고 모여들었답니다."

No.19

똥눌 때 보는 신문 경제

글 김선 그림 이혜원 펴낸 곳 삼성출판사 주소 서울시 서초구 명달로 94 전화 080-470-3000 등록 번호 제 1-276호 홈페이지 www.mylittletiger.com
이 책에 실린 글과 그림을 무단으로 복사, 복제, 배포하는 것은 저작권자의 권리를 침해하는 것입니다. ⓒ삼성출판사

삼성출판사

경제 이야기 01

똥 닦을 때도 전기가 필요해

그림 한자 사전 02
기록할 기(記)

문해력이 저절로
눈에 보이지 않는 보석

LAUGH & LEARN 03
오늘의 포인트 - should

도전! 사고력왕

똥 눌 때 보는 만화 04
전력 수요와 공급

경제 뭉치

① 전기는 우리의 삶에 꼭 필요한 에너지예요. (O/X)

② 평소보다 에어컨과 난방기를 많이 사용하면 요금이 확 오를 수 있어요. (O/X)

③ 사람들이 전기를 아끼게 하기 위해 누진세를 적용했어요. (O/X)

O/O/O | 답요

똥 닦을 때도 전기가 필요해

누진세에 따라 요금이 더 많이 나와요

전기는 우리가 살아가는 데 꼭 필요한 에너지예요. 집에서 불을 켜고 텔레비전을 보고, 세탁기와 냉장고, 비데를 이용하는 데도 전기가 필요하지요. 전기는 사용한 만큼 요금을 내야 하는데, 얼마나 사용하느냐에 따라 금액이 달라져요. 전기를 얼마나 사용했는지는 가정에 있는 전기 계량기가 숫자로 보여 주지요.
전기 요금은 기본요금과 사용량에 따라 달라지는 요금이 있는데, 여름에 에어컨을 사용하면 추가 요금이 많이 나올 수 있어요. 사람들이 전기를 아끼게 하기 위해 사용량이 많을수록 세율이 높아지는 '누진세'를 적용했기 때문이에요.
평소 사용하던 전기량을 넘어 에어컨과 난방기를 많이 사용하는 경우, 누진세가 적용되어 요금이 더 많이 나올 수 있어요. 따라서 쓰지 않을 때는 전원을 꺼서 전기 요금을 줄이도록 해야 해요.

그림 한자 사전

記
기록할 기

풀이 | ①기록하다, 적다 ②기억하다 ③문서, 책
필순 | 記記記記記記記記記記

- 記錄 기록 | 어떤 사실을 적음
- 記憶 기억 | 지난 일을 잊지 않고 외워 둠

풀다 보면 논리력이 저절로

🟤 물음표에 들어갈 알맞은 단어를 써 보아요.

읽다 보면 문해력이 저절로 – 탈무드

눈에 보이지 않는 보석

한 랍비가 배를 타고 외국 여행을 하고 있었어요. 배에 탄 사람들은 서로 자신이 가진 보석을 자랑했지요. 그때 한 사람이 랍비에게 물었습니다.
"당신은 뭔가 자랑할 만한 게 없소?"
"내게도 훌륭한 보석이 있지요. 하지만 그것은 눈에 보이지 않는답니다."
그 말을 들은 사람들 모두 랍비를 비웃었어요. 그런데 얼마 뒤, 그들이 타고 가던 배가 해적의 습격을 받았어요. 사람들은 모든 걸 빼앗기고 배는 더 이상 운항할 수 없었지요. 빈털터리가 된 사람들은 가까운 항구에 내려 각자 살길을 찾아 뿔뿔이 흩어졌어요. 랍비는 그 항구 도시의 학자들을 찾아갔어요. 랍비의 이야기를 들은 학자들은 랍비에게 그 도시의 학생들을 가르쳐 달라고 부탁했지요.
어느 날, 랍비는 길에서 구걸하는 사람들을 만났어요. 그들은 바로 랍비와 같은 배에 탔던 부자들이었지요. 그들은 랍비가 선생이 된 것을 알고 부러워하며 말했어요.
"당신이 그때 눈에 보이지 않는 보석을 가지고 있다고 한 뜻을 이제야 알겠습니다."

LAUGH & LEARN

Point: should [슈드] ~해야 한다

- take ~ away ~를 데리고 가다, 가지고 가다
- monkey 원숭이
- dog 개, 강아지

He should take the monkey away.
그는 원숭이를 데리고 가야 해.

He should go to the park.
그는 공원에 가야 해.

I will take the dog away.
나는 강아지를 데리고 밖으로 나갈 거야.

나는 지금 바로 공원에 갈 거야.

You can take the cat away now.
너는 지금 고양이를 데리고 갈 수 있어.

너는 이제 공원에 갈 수 있어!

도전! 사고력왕 – 난센스

 무가 눈물을 흘리면?

똥 눌 때 맞춤법!

선생님, 내일
① 뵈요.
② 봬요.

똥 눌 때 보는 만화 – 전력 수요와 공급

(만화 내용은 이미지 참조)

- 🟫 **폭염** | 너무 심한 더위를 말해요. 하루 최고 기온이 35℃ 이상으로 2일 이상 지속될 때 폭염 경보를 발표해요.
- 🟫 **전력 수요와 공급** | 사람들이 필요로 하는 전기의 양과 공급받는 양이 균형을 이루는 것이 중요해요.

똑똑해지는 경제 용어

메디치 효과

'메디치 효과'란 서로 다른 분야의 사람들이 모이면 개개인이 가진 에너지를 합한 것보다 더 큰 에너지를 발산하는 효과를 말해요.

메디치는 14~17세기 이탈리아 피렌체에서 강한 영향력을 지녔던 가문의 이름이에요. 메디치 가문은 학문과 예술에 대한 후원을 아끼지 않았어요. 그 덕분에 예술가, 철학자, 과학자들이 모여 각 분야의 벽을 허물고 서로의 재능을 합해 기대 이상의 효과를 낼 수 있었지요. 이는 이탈리아에서 레오나르도 다빈치, 미켈란젤로 같은 뛰어난 예술가들이 탄생한 원동력이 되었어요. 그래서 메디치 가문의 이름을 따서 메디치 효과라는 말이 생긴 거예요. 회사에서 업무가 다른 부서끼리 협업하거나, 기존의 틀을 깨는 새로운 제품을 개발하는 것 모두 메디치 효과를 노린 거라고 볼 수 있어요.

로렌초 데 메디치

No.20

똥 눌 때 보는 신문 — 경제

경제 이야기 01
기후 위기에 치솟는 밥상 물가

그림 한자 사전 02
안 내(內)

문해력이 저절로
고인돌 왕국

LAUGH & LEARN 03
오늘의 포인트 - run around

도전! 사고력왕

똥 눌 때 보는 만화 04
기후플레이션

경제 뭉치

① 기후 위기는 농작물 생산량을 줄어들게 만들어요. (O/X)

② 기후플레이션이란 기후 위기로 농작물 생산이 줄어들면서 식료품 가격이 내리는 것을 말해요. (O/X)

③ 기후 위기는 우리 밥상 물가와 별로 관계가 없어요. (O/X)

정답 | O/X/X

기후 위기에 치솟는 밥상 물가

기후 위기는 우리 밥상에 어떤 변화를 가져올까?

지구 온난화를 넘어 지구 열대화 시대가 시작되었다고 할 정도로 지구의 온도는 계속 뜨거워지고 있어요. 세계 곳곳에서 이상 기후 현상도 일어나고 있지요. 폭염·가뭄·홍수 등 이상 기후로 농작물 생산이 급격히 줄어들면서 식료품 가격이 오르고, 우리의 밥상까지 위협받게 되었어요. 이를 '기후플레이션'이라고 해요. 2023년에는 인도에서 토마토 가격이 갑자기 5배 넘게 올라 햄버거를 만들 때 토마토를 빼기도 했어요. 우리나라에서도 배추 가격이 엄청 오르면서 음식점에서 김치 대신 다른 반찬을 주는 경우도 생겼답니다.

이렇게 기후 위기는 단순히 날씨가 너무 덥거나 추운 것뿐만 아니라, 식량 문제를 비롯해 바닷물의 표면이 높아지거나 전염병이 퍼지는 등 여러 가지 문제를 일으키기 때문에 환경을 보호하려는 전 세계인의 노력이 필요해요.

그림 한자 사전

안 **내**

풀이 | ①안, 속 ②아내
필순 | 內 內 內 內

- 內科 내과 | 내장 기관을 고치는 의술
- 內外 내외 | 안과 밖.

풀다 보면 논리력이 저절로

🟫 알맞은 짝을 찾아 선으로 이어 보아요.

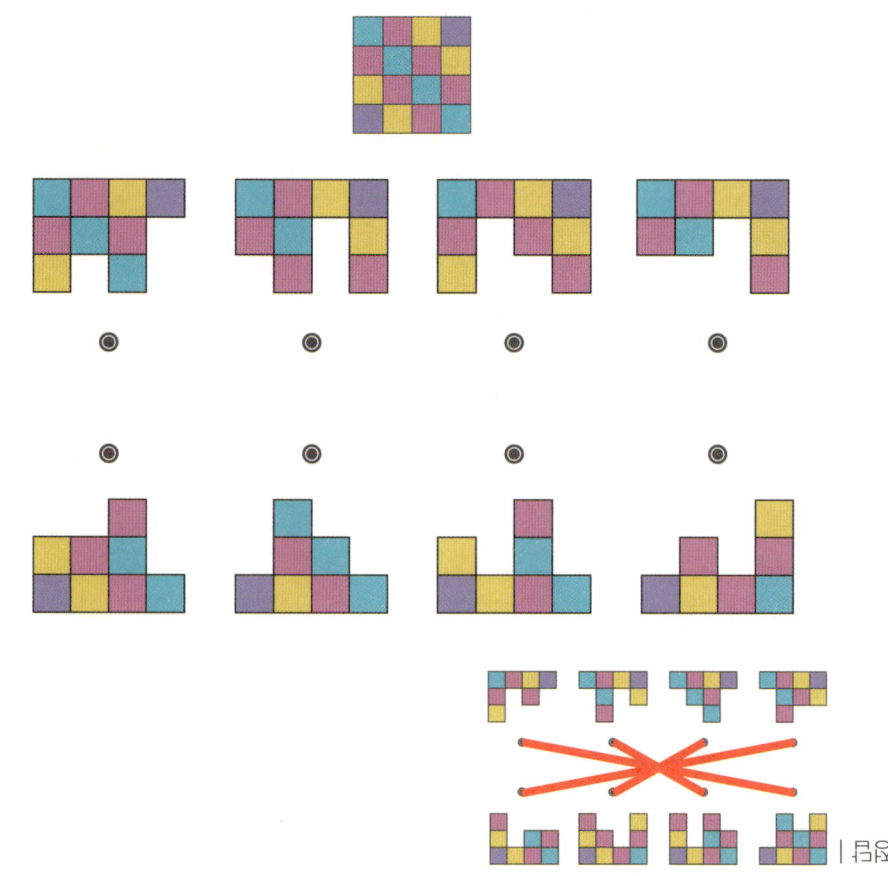

읽다 보면 문해력이 저절로 – 세계 문화유산

고인돌 왕국

한반도에는 4만여 기의 고인돌이 있어요. 이는 전 세계 고인돌의 40%가 넘는 수예요. 그래서 우리나라를 고인돌의 왕국이라 부른답니다. 그중 고인돌이 가장 많은 곳은 전라북도 고창, 전라남도 화순, 인천 강화도예요.

고인돌은 선사 시대의 무덤으로, 땅을 파서 시체를 묻은 뒤 그 둘레에 받침돌을 세우고 덮개돌을 얹으면 완성돼요. 간단해 보이지만 덮개돌만 해도 그 무게가 60~200톤이 나가기 때문에 이 돌을 옮기려면 아주 많은 사람이 필요했지요. 물론 아무나 고인돌의 주인공이 되는 건 아니었어요. 고인돌은 주로 경제력이 있거나, 정치 권력을 지닌 지배층의 무덤으로 추정된답니다.

한국의 고인돌

보는신문

LAUGH & LEARN

Point: run around [런 어라운드] 뛰어다니다

- all day long 하루 종일
- everywhere 어디에서나

I want to run around all day long.
나는 하루 종일 뛰어다니고 싶어.

나는 어디에서나 뛰어다니고 싶어.

우리는 하루 종일 뛰어다녀야만 해.

We should run around everywhere.
우리는 어디에서나 뛰어다녀야만 해.

Mary can run around all day long.
메리는 하루 종일 뛰어다닐 수 있어.

메리는 어디에서나 뛰어다닐 수 있어.

도전! 사고력왕 – 사자성어

💩 필요할 때는 쓰고 쓸모가 없어지면 버린다는 말은?

| ㅌ | ㅅ | ㄱ | ㅍ |

똥 눌 때 맞춤법!

이 물건은 참
① 희안해.
② 희한해.

똥 눌 때 보는 만화 – 기후플레이션

💩 **기후플레이션** | '기후(climate)'와 '고물가(inflation)'의 합성어로, 기후 변화로 인한 자연재해나 극한 날씨 때문에 농작물 생산이 줄어들어 식료품 가격이 오르는 현상을 말해요.

설화 속 경제 이야기

흥부전

옛날 옛적에 심술궂은 형 놀부와 착한 흥부가 살았어요. 부모님이 돌아가시자 놀부는 흥부를 내쫓고 모든 재산을 독차지했지요. 가난한 움막에서 어렵게 살던 흥부는 어느 날, 둥지에서 떨어져 다리가 부러진 제비를 치료해 주었고, 제비는 고마워하며 날아갔지요. 다음 해 봄, 치료해 준 제비가 물어 온 박씨를 심었는데, 박 속에서 온갖 금은보화가 쏟아져 순식간에 부자가 되었어요.

이 소식을 들은 놀부는 낮이고 밤이고 다리 부러진 제비를 기다렸어요. 그러나 그런 제비가 보이지 않자 건강한 제비 다리를 똑 부러뜨리고선 끈으로 묶어 주며 생색을 냈답니다. 다음 해 봄, 그 제비도 박씨를 물어왔는데, 그 박에서 도깨비들이 나와 놀부를 때리며 벌을 주었지요. 이를 통해 선한 일을 하면 복을 받고, 악한 일을 하면 벌을 받는다는 권선징악의 교훈을 얻을 수 있어요.

No.21

똥눌때보는신문 경제

경제 이야기 01 잘파 세대는 챌린지 중!	
그림 한자 사전 02 대답할 답(答)	
문해력이 저절로 예수 그리스도의 마지막 식사	
LAUGH & LEARN 03 오늘의 포인트 - have to 도전! 사고력왕	
똥 눌 때 보는 만화 04 디토 소비	

잘파 세대는 챌린지 중!

스마트폰이 아주 익숙한 잘파 세대

1990년대 중반에서 2000년대 초반에 태어난 Z세대와 2010년 이후 태어난 알파 세대를 아우르는 '잘파 세대'는 스마트폰이 아주 익숙해요. 스마트폰이 대중화된 사회에서 성장했기 때문에 인간의 지능을 모방한 인공 지능, 현실과 가상 세계를 연결해 주는 메타버스 등을 아주 능숙하게 활용하지요.

또 검색 엔진인 구글이나 네이버 대신 유튜브와 틱톡에서 정보를 찾고, 게임이나 유튜브 방송을 하며 수익을 얻기도 해요. 도전이라는 의미의 '챌린지' 역시 잘파 세대가 주축이 되어 동영상 플랫폼을 중심으로 춤과 노래 등을 따라 하는 문화로 자리매김했어요.

이렇게 태어날 때부터 스마트폰과 디지털 인프라가 갖춰져 있던 잘파 세대 친구들을 가리켜 '디지털 네이티브' 혹은 '스마트폰 네이티브'라고도 해요.

경제 뭉치

① Z세대와 알파 세대를 합쳐 잘파 세대라고 해요. (O/X)

② 잘파 세대는 스마트폰을 사용하는 데 어려움이 있어요. (O/X)

③ 1998년에 태어난 사람은 잘파 세대에 속해요. (O/X)

정답 | O/X/O

그림 한자 사전

대답할 **답**

풀이 | ①대답하다 ②응하다, 갚다
필순 | 答答答答答答答答答答答

- 答辯 답변 | 남에게 대답하여 말함
- 問答 문답 | 물음과 대답. 묻고 대답함

풀다 보면 논리력이 저절로

💩 빈칸에 들어갈 알맞은 그림을 찾아보아요.

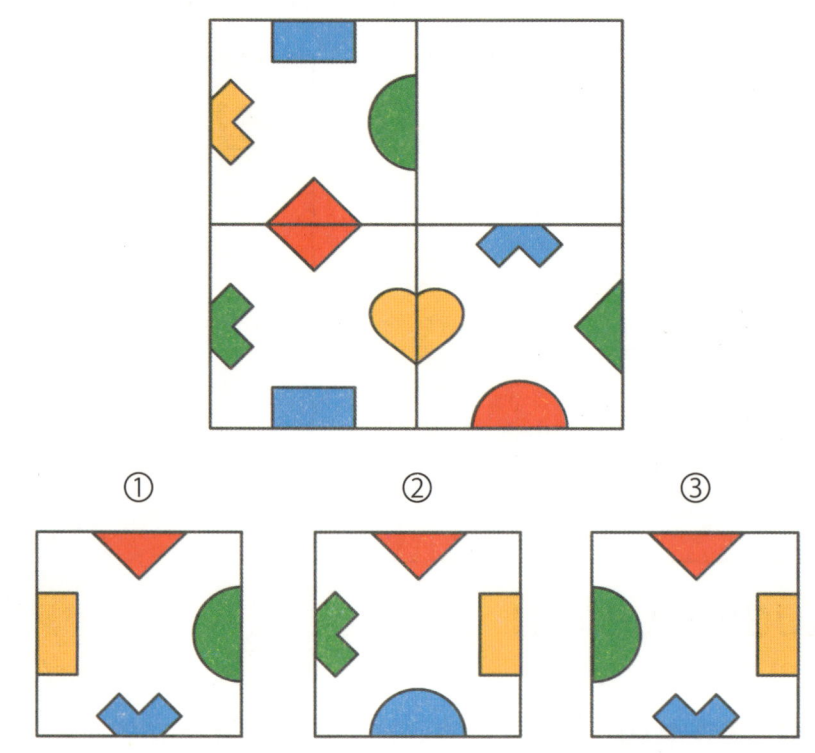

ⓒ | 금요

읽다 보면 문해력이 저절로 - 명화

예수 그리스도의 마지막 식사

레오나르도 다빈치가 그린 〈최후의 만찬〉은 예수 그리스도가 죽기 전날, 그의 열두 제자와 함께 식사를 나누는 모습을 묘사했어요.

한가운데에 앉아 고개를 살짝 사선으로 내린 사람이 바로 예수예요. 그는 자신의 제자들에게 "오늘 밤 너희 중 한 사람이 나를 배신할 것이다."라고 말했어요. 그 말을 듣고 놀란 제자들이 저마다 다른 감정을 표현하고 있어요. 예수 가까이로 다가가 물어보는 제자가 있는가 하면, 서로 눈치를 보며 이야기를 나누는 제자도 있지요. 이 작품은 유네스코에서 세계 문화유산으로 지정하기도 했답니다.

최후의 만찬 | 460×880cm | 1495~1497년 |
산타마리아 델레 그라치에 성당

LAUGH & LEARN

Point: have to [해브 투] ~해야 한다

- take a shower 샤워를 하다
- today 오늘
- go back home 집으로 돌아가다

He will take a shower today.
그는 오늘 샤워를 할 거야.

그는 오늘 집으로 돌아갈 거야.

I have to take a shower today.
나는 오늘 샤워를 해야 해.

I have to go back home today.
나는 오늘 집으로 돌아가야 해.

그들은 오늘 샤워를 하고 싶어.

They want to go back home today.
그들은 오늘 집으로 돌아가고 싶어.

도전! 사고력왕 – 관용어

 아는 사람이 많음을 뜻하는 말은?

ㅂ 이 넓다

똥 눌 때 맞춤법!

① 웬만하면
② 왠만하면

싸우고 싶지 않아.

똥 눌 때 보는 만화 – 디토 소비

🟤 **디토 소비** | '마찬가지'라는 뜻의 영단어 ditto에서 유래한 말로, 자신과 비슷한 취향이나 가치관을 지닌 사람 혹은 그 사람의 콘텐츠를 보고 제품을 따라 사는 현상을 말해요.

똑똑해지는 경제 용어

파레토 법칙과 롱테일 법칙

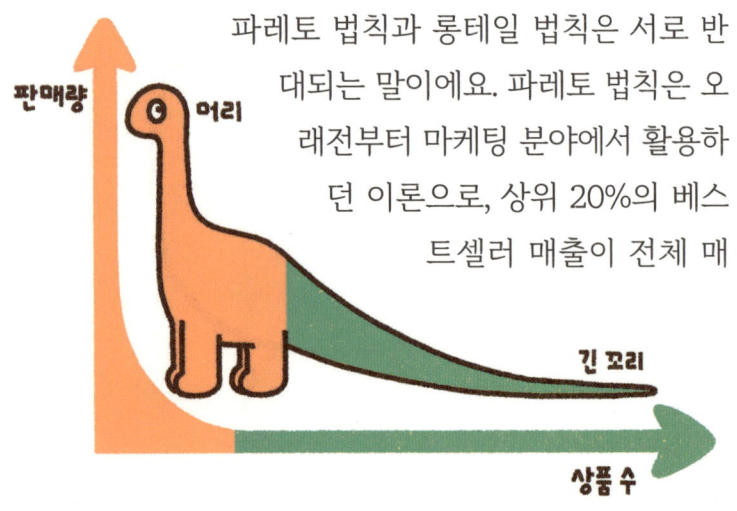

파레토 법칙과 롱테일 법칙은 서로 반대되는 말이에요. 파레토 법칙은 오래전부터 마케팅 분야에서 활용하던 이론으로, 상위 20%의 베스트셀러 매출이 전체 매출의 80%를 차지한다는 내용을 담고 있어요. 그래서 마케팅을 할 때 인기 상품을 중심으로 해야 한다는 주장을 뒷받침하지요.

하지만 인터넷 시대가 되면서 다른 법칙이 생겨났어요. 80%의 평범한 다수가 20%의 특별한 소수보다 뛰어난 결과를 가져온다는 이론이지요. 이게 바로 롱테일 법칙이에요. 즉, 상위 20%의 베스트셀러를 판매한 금액보다 하위 80%의 상품을 판매한 금액이 더 많다는 것이지요.

No.22

똥 눌 때 보는 신문 경제

경제 이야기　01

슬기로운 상속 생활

그림 한자 사전　02
길 도(道)

문해력이 저절로
낙타 등에는 왜 혹이 있을까?

LAUGH & LEARN　03
오늘의 포인트 - never

도전! 사고력왕

똥 눌 때 보는 만화　04
기부

경제 뭉치

① 살아 있을 때 재산을 물려주는 것을 증여라고 해요. (O/X)

② 죽은 뒤에 재산을 물려주는 것을 상속이라고 해요. (O/X)

③ 상속과 증여를 하지 않고 자신의 재산을 사회에 기부하는 사람도 있어요. (O/X)

O/O/O | 月요

최고의 유산

경주에 있는 왕릉을 본 적이 있나요? 과거에는 왕이 죽으면 죽은 뒤에도 삶이 이어질 거라 믿고 귀중한 물품을 왕과 함께 묻었어요. 그래서 왕릉이 아주 크지요. 이는 당시 후손보다 죽은 자의 사후 세계를 더 중요하게 생각했기 때문이에요.

오늘날에는 사랑이나 추억 같은 정신적 재산뿐 아니라, 집이나 현금 같은 물질적 재산도 자식과 후손에게 물려줘요. 재산을 주는 사람이 살아 있을 때 물려주면 '증여', 죽은 뒤에 물려주면 '상속'이라고 해요.

그리고 자신의 재산을 사회에 '기부'하는 사람도 있어요. 열심히 모은 돈을 학교와 병원을 짓거나, 어려운 사람을 돕는 데 쓰는 것이지요.

한 유명 연예인 부부는 자녀가 있음에도 꾸준히 기부해 국내 최초의 루게릭 요양 병원을 짓는 데 기여했어요. 이 모습을 자녀가 보고 배운다면 최고의 유산이 될 거예요.

그림 한자 사전

道

길 도

풀이 | ①길 ②도로 ③도리 ④행정구역
필순 | 道道道道道道道道道道道道

- 道路 도로 | 길. 다니는 길
- 步道 보도 | 보행자가 사용하는 도로

풀다 보면 논리력이 저절로

💩 물음표에 들어갈 알맞은 숫자를 써 보아요.

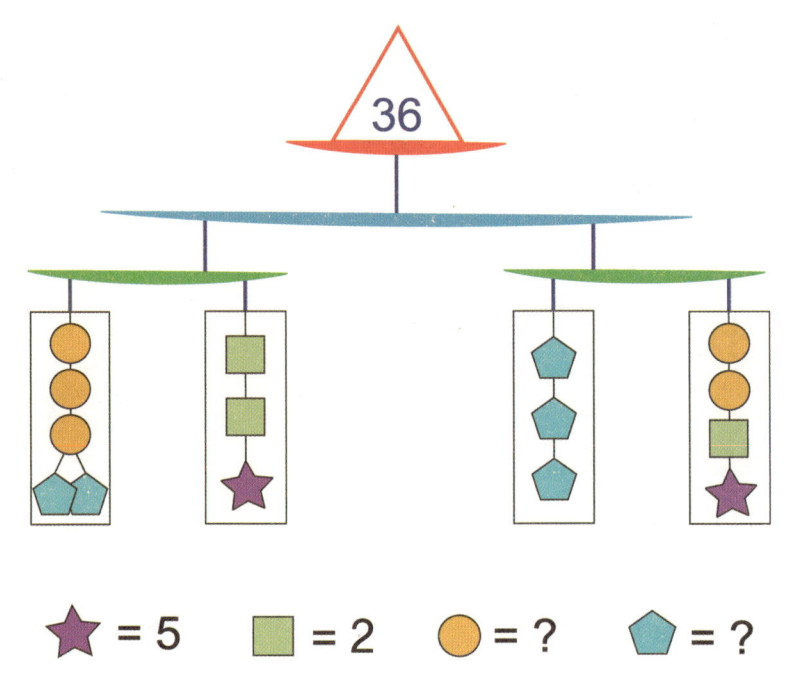

★ = 5   ■ = 2   ● = ?   ⬟ = ?

정답 | ●=1, ⬟=3

읽다 보면 문해력이 저절로 — 호기심

낙타 등에는 왜 혹이 있을까?

낙타는 사막이나 초원 같은 곳에서 무거운 짐을 지고 며칠 동안 물을 먹지 않고도 여행할 수 있는 동물이에요. 그래서 낙타를 '사막의 배'라고 하지요.
낙타의 등에는 1개 또는 2개의 혹이 있어요. 혹 속에는 기름이 가득 차 있는데, 낙타는 이것을 분해해 수분을 보충한답니다.

사람은 물을 마시지 않고 버틸 수 있는 기간이 평균 3일 정도인데, 낙타는 이 혹 덕분에 물 없이도 긴 시간을 버틸 수 있어요. 물 없이 16일을 이동했다는 기록도 있지요. 그러니까 낙타는 짐뿐만 아니라, 자기 식량도 등에 싣고 다니는 셈이에요.

LAUGH & LEARN

Point: never [네버] 절대 ~않다

- won't ~하지 않을 것이다
- share food 음식을 나누어 먹다
- go out 나가다, 외출하다
- will ~할 것이다

She won't share food with us.
그녀는 우리와 함께 음식을 나누어 먹지 않을 거야.

그녀는 그들과 함께 나가지 않을 거야.

I will share food with them.
나는 그들과 함께 음식을 나누어 먹을 거야.

I will go out with them.
나는 그들과 함께 나갈 거야.

We never share food with them.
우리는 절대 그들과 함께 음식을 나누어 먹지 않을 거야.

우리는 절대 그들과 함께 나가지 않을 거야.

도전! 사고력왕 – 난센스

 곰이 다니는 목욕탕은?

정답 | 곰탕

똥 눌 때 맞춤법!

사탕을
① 한 웅큼 ② 한 움큼
집어 먹었어.

정답 | ②

똥 눌 때 보는 만화 - 기부

- 🦠 **기부** | 다른 사람을 돕기 위해 돈이나 물건 등을 아무 대가 없이 내놓는 것을 말해요.
- 🦠 **자선** | 다른 사람의 처지를 안타깝게 여기며 도와주는 것을 말해요.

세계 경제 위인

체스 구경을 하다 신문 기자가 된 퓰리처

헝가리에서 미국으로 이민 온 퓰리처는 돈을 벌기 위해 여러 가지 일을 했어요. 하지만 돈을 버는 일은 쉽지 않았지요. 그러던 어느 날, 우연히 체스를 두고 있는 사람들을 보았어요. 무심코 그곳으로 들어간 퓰리처는 체스 두는 모습을 구경하다가 자신도 모르게 훈수를 두기 시작했어요. 체스를 두던 사람들은 퓰리처의 날카로운 지적에 놀랐지요. 그러고는 그 자리에서 퓰리처를 신문사 기자로 뽑았어요. 그 사람들은 당시 유명한 신문사의 편집자들이었거든요. 그 뒤, 퓰리처는 타고난 기자 정신을 발휘해 훗날 '신문왕'으로 불리게 되었어요. 〈뉴욕 월드지〉를 인수해 당대 미국 최고의 신문으로 만드는 등 경영인으로서 많은 업적도 남겼지요. 그가 죽은 뒤에는 '퓰리처상'도 만들어졌어요. 퓰리처상은 미국에서 매년 언론과 문학 분야에서 뛰어난 업적을 남긴 사람에게 주는 상이랍니다.

No.23

똥 눌 때 보는 신문 경제

| 경제 이야기 | 01 |
속지 말자, 그놈 목소리!

| 그림 한자 사전 | 02 |
오를 등(登)

문해력이 저절로
붓대 속에 목화를 숨긴 문익점

| LAUGH & LEARN | 03 |
오늘의 포인트 - anymore

도전! 사고력왕

| 똥 눌 때 보는 만화 | 04 |
스미싱

경제 뭉치

① 보이스 피싱은 전화 또는 메시지를 통해 사람을 속여 돈을 뜯어내는 범죄예요. (O/X)

② 경찰이라며 전화로 개인 정보를 물으면 꼭 대답해야 해요. (O/X)

③ 보이스 피싱을 예방하기 위해 휴대 전화를 없애야 해요. (O/X)

X/X/O 답장

보이스 피싱은 범죄입니다

얼마 전 엄마와 같이 있던 학생이 무서운 일을 겪었어요. 엄마에게 전화가 왔는데, 휴대 전화가 고장 났으니 수리비를 보내 달라는 거예요. 그런데 그 목소리가 다름 아닌 자신의 목소리와 똑 닮았던 거지요. 알고 보니 AI로 만든 목소리로 사기를 치려는 거였어요.

이분만이 아니에요. 계좌에 문제가 생겼다고 하거나, 범죄에 연관되었다며 경찰과 은행 직원인 척 개인 정보를 요구하는 보이스 피싱 사례가 무척 많아요. 적게는 몇만 원부터 많게는 수천만 원까지 피해액도 늘고 있어요.

보이스 피싱을 예방하기 위해서는 모르는 전화와 문자에 신중하게 대응하는 것이 중요해요. 특히 개인 정보를 함부로 이야기하면 안 돼요. 이상한 전화를 받으면 부모님께 먼저 말씀드리고, 의심스러운 경우 경찰에 신고해 도움을 받아야 해요.

그림 한자 사전

오를 **등**

- 풀이 | ①오르다 ②올리다 ③더하다
- 필순 | 登登登登登登登登登登登登

• 登校 등교 | 학교에 출석함
• 登山 등산 | 산에 오름

풀다 보면 논리력이 저절로

💩 위에서 내려다본 그림으로 알맞은 것을 찾아보아요.

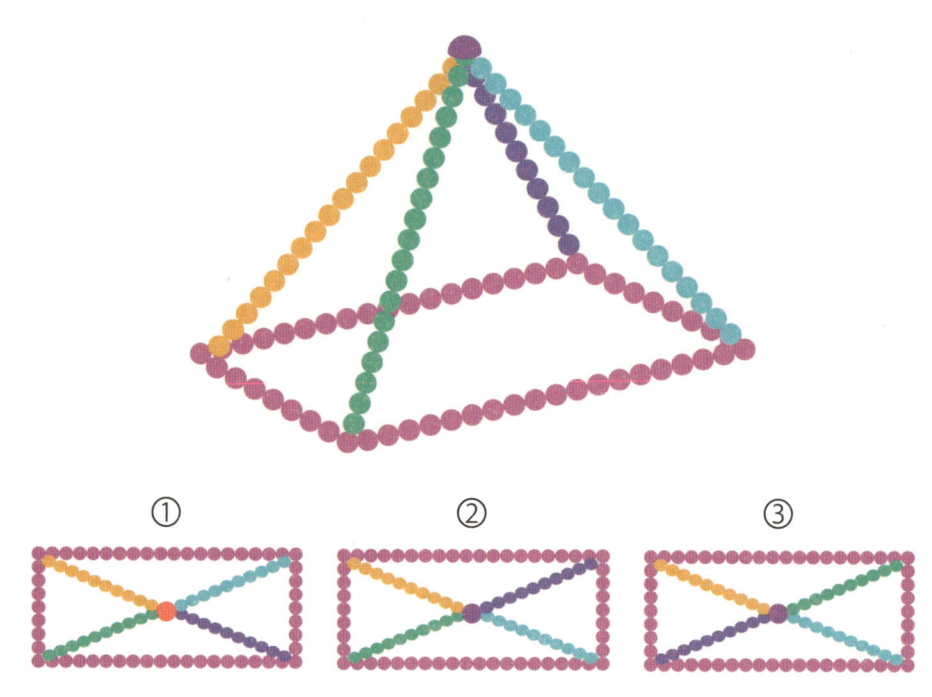

정답 | ②

읽다 보면 문해력이 저절로 – 한국사

붓대 속에 목화를 숨긴 문익점

고려 공민왕 때의 학자 문익점은 원나라에 사신으로 갔어요. 그리고 그곳에서 하얀 꽃밭을 처음 보았지요. 처음 본 하얀 꽃이 궁금해 농부에게 물어봤더니 옷을 지어 입을 수 있는 목화꽃이라고 알려 주었어요. 문익점은 목화를 재배해서 백성에게 따뜻한 옷을 입혀야겠다고 생각했어요. 그래서 농부에게 목화씨를 가져가도 되는지 물었더니 농부는 절대 안 된다고 펄쩍 뛰었지요. 하지만 문익점은 농부 몰래 목화씨를 몇 개 슬쩍 따서 집으로 가져왔어요. 그리고 그 목화씨를 고려로 가져갈 방법을 생각했지요.

그러던 어느 날, 탁자 위에 놓인 붓을 보면서 기발한 생각이 났어요. 문익점은 붓대에서 붓을 빼고 솜을 넣었어요. 그리고 그 속에 목화씨를 꼭꼭 숨긴 뒤 다시 붓을 꽂았지요. 붓대에 목화씨를 숨겨 온 문익점 덕분에 고려 사람들은 따뜻한 무명옷을 입을 수 있었어요.

보는 신문

LAUGH &LEARN

Point: anymore [애니모어] 더 이상

- have lunch 점심을 먹다
- make trouble 말썽을 피우다
- follow the rules 규칙을 지키다

나는 더 이상 점심을 먹지 않을 거야.

나는 더 이상 말썽을 피우지 않을 거야.

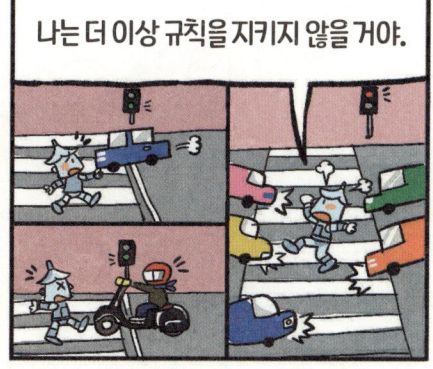
나는 더 이상 규칙을 지키지 않을 거야.

You don't have lunch anymore.
너는 더 이상 점심을 먹지 않아.

You don't make trouble anymore.
너는 더 이상 말썽을 피우지 않아.

You don't follow the rules anymore.
너는 더 이상 규칙을 지키지 않아.

도전! 사고력왕 - 사자성어

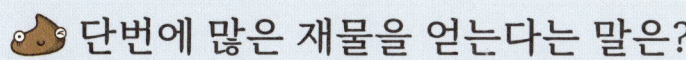
단번에 많은 재물을 얻는다는 말은?

ㅇ ㅎ ㅊ ㄱ

똥 눌 때 맞춤법!

백설 공주와
① 난쟁이는
② 난장이는
어떻게 됐을까?

4

똥 눌 때 보는 만화 - 스미싱

- **스미싱(smishing)** | 문자 메시지(SMS)와 개인 정보 낚시(phishing)의 합성어로, 문자 메시지를 이용한 휴대 전화 해킹을 말해요.
- **해킹(hacking)** | 다른 사람의 컴퓨터나 스마트폰 시스템에 무단으로 침입해 중요한 정보를 빼 가는 것을 말해요.

똑똑해지는 경제 용어

빅맥 지수

여러분은 햄버거를 좋아하나요? 만약 이 햄버거로 나라의 경제 상황을 알 수 있다면 어떨까요? '빅맥 지수'란 영국의 경제 주간지 〈이코노미스트〉에서 처음 사용한 말이에요. 같은 물건은 어디에서나 값이 같아야 한다는 원칙을 전제로, 나라별 화폐 가치가 적당한 수준인지 살펴보는 데 활용하고 있지요.

나라별로 쓰는 화폐가 다른데 어떻게 비교하느냐고요? 나라별 맥도날드 빅맥 햄버거의 가격을 달러로 바꿔 보는 거예요. 각국의 화폐 가치가 적정하다면 전 세계의 맥도날드 매장에서 비슷한 재료와 조리법으로 만들어 파는 빅맥 가격이 나라별로 다를 이유가 없다고 보는 거지요.

이 빅맥 지수를 통해 나라별 화폐 가치가 저평가되었는지 고평가되었는지 알 수 있답니다.

No.24

똥눌 때 보는 신문 경제

경제 이야기　01

어디서든 일하는
디지털 노마드

그림 한자 사전　02
힘 력(力)

문해력이 저절로
물에 잠기는 나라, 투발루

LAUGH & LEARN　03
오늘의 포인트 - by myself

도전! 사고력왕

똥 눌 때 보는 만화　04
N잡

경제 뭉치

① 일은 정해진 장소, 정해진 시간에만 할 수 있어요. (O/X)

② 디지털 노마드에게는 인터넷과 컴퓨터가 중요해요. (O/X)

③ 앞으로 더욱 많은 디지털 노마드가 생길 거예요. (O/X)

정답 | X/O/O

꼭 회사에서 일할 필요 있나요?

컴퓨터와 인터넷만 있으면 어디서든 자유롭게 여행하며 일하는 삶, 바로 디지털 노마드의 삶이에요. '노마드(nomade)'는 유목민이라는 뜻으로, 회사 등 정해진 곳에서 일하는 게 아니라, 노트북이나 태블릿 피시를 가지고 원하는 곳에서 일하는 사람을 뜻하지요. 분위기 좋은 카페나 자연을 느낄 수 있는 산이나 바다, 그리고 해외에서도 일할 수 있어요.

특히 컴퓨터 한 대만 있어도 작업이 가능한 글쓰기나 그림 그리기, 영상 편집 등의 일을 하는 사람 중 디지털 노마드가 많아요. 자유로운 삶을 추구하는 사람에게 딱 맞는 업무 형태이지요.

이제는 전 세계적으로 사람들이 다양한 전자 기기를 이용해 장소에 상관없이 일을 하도록 장려하는 분위기가 만들어지고 있어요. 이에 따라 디지털 노마드는 앞으로 더욱 늘어날 거예요.

그림 한자 사전

힘 **력**

풀이 | ①힘, 힘쓰다 ②일꾼, 하인
필순 | 力 力

- 力說 역설 | 힘써 주장함
- 努力 노력 | 힘들이고 애를 씀

풀다 보면 논리력이 저절로

💩 물음표에 들어갈 알맞은 단어를 써 보아요.

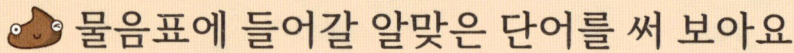

정답 | 지렁이

읽다 보면 문해력이 저절로 – 세계사

물에 잠기는 나라, 투발루

태평양 남쪽에 '투발루'라는 섬나라가 있어요. 이 나라는 21세기에 들어서며 꽤 유명해졌어요. 해수면(바닷물의 표면)이 갈수록 높아져 머지않아 섬 전체가 물에 잠길지도 모른다는 이야기 때문이지요. 투발루에는 원래 9개의 섬이 있었는데, 1999년에 작은 섬 하나가 바닷물에 완전히 잠겨 버렸어요.

왜 이런 일이 생긴 걸까요? 바로 '지구 온난화' 때문이에요. 지구 온난화란 지구 온도가 오랜 기간에 걸쳐 상승하는 현상이에요. 세계 곳곳의 이산화탄소와 프레온 가스 같은 물질이 대기를 둘러싸면 지구 온도가 올라가는데, 온도가 올라가면 남북극의 얼음이 녹아 바다로 흘러 들어가게 되고, 그게 반복되면 해수면이 상승하지요. 몰디브 또한 점점 해수면이 높아져 모래사장이 조금씩 사라지고 있어요. 100년 후면 더 많은 나라가 바닷물에 잠길지도 몰라요.

보는신문

LAUGH & LEARN

Point: by myself [바이 마이셀프] 나 혼자서

- be going to ~할 것이다
- take a bath 목욕을 하다
- have pizza 피자를 먹다
- watch a movie 영화를 보다

도전! 사고력왕 - 속담

🟤 어떤 일을 하려고 할 때 생각지 못한 일을 맞닥뜨린다는 말은?

가는 날이 ㅈ ㄴ

정답 | 가는 날이 장날

똥 눌 때 맞춤법!

이 컵은 함부로
① 건드리면
② 건들이면
안 돼!

정답 | ①

똥 눌 때 보는 만화 – N잡

- 💩 **부업** | 본업 이외에 여가 시간을 활용해 갖는 직업을 말해요.
- 💩 **N잡** | 본업 포함 2개 이상의 일을 해서 수익을 내는 것을 말해요.

탈무드 속 경제 이야기

반값

가난한 마을 출신으로 크게 성공한 석탄 상인이 한 명 있었어요. 어느 날, 그는 고향에서 석탄 여섯 마차를 기부해 달라는 부탁을 받았어요. 상인은 손해가 적은 방법을 궁리한 끝에 석탄을 반값에 팔겠다고 대답했지요. 그러자 마을 이장은 우선 석탄 세 마차만 가져가겠다고 말했어요. 그런데 몇 달이 지나도 마을에서는 석탄값을 보내지 않을 뿐더러 나머지 세 마차 분량의 석탄도 주문하지 않았어요. 이에 상인은 마을 이장 앞으로 독촉장을 보냈지요. 그러자 이장에게서 다음과 같은 답이 왔어요.

"우리 마을은 귀하에게 마차 여섯 대 분량의 석탄을 반값에 주겠다는 약속을 받았습니다. 우리는 이것을 마차 세 대 분량의 석탄을 무료로 준다는 뜻으로 받아들여, 나머지 세 대 분량은 주문하지 않기로 했습니다."

No.25

똥 눌 때 보는 신문 경제

경제 이야기 01  공부도 하고, 돈도 벌고!	
그림 한자 사전 02 늙을 로(老)	
문해력이 저절로 다윗왕과 거미	
LAUGH & LEARN 03 오늘의 포인트 - again	
도전! 사고력왕	
똥 눌 때 보는 만화 04 기프티콘	

공부도 하고, 돈도 벌고!

경제 뭉치

① 재미와 재테크가 합쳐져 재듀테크라는 말이 생겼어요. (O/X)

② 재듀테크는 공부하면서 돈을 벌 수 있는 방법이에요. (O/X)

③ 매일 출석만 해도 포인트를 주는 학습 앱은 없어요. (O/X)

X/O/X | 답정

신개념 학습 방법, 재듀테크!

공부만 잘해도 돈을 벌 수 있다면 어떨까요? 최근에 에듀와 재테크가 합쳐진 '재듀테크'가 인기를 끌고 있어요. 공부만 해야 했던 학생들이 이제는 공부를 하면서 돈까지 벌 수 있게 된 거예요.

이런 일이 어떻게 가능하냐고요? 예전처럼 문제집만 푸는 게 아니라, 학습 앱에서 문제를 풀면 포인트를 받을 수 있기 때문이에요. 그 포인트를 모아 현금으로 바꿀 수 있거든요. 또 문제를 풀지 않더라도 학습 사이트에 매일 출석하는 것만으로도 금전적 보상을 받을 수 있어요.

이 같은 공부 방법은 아직 공부 습관이 잡히지 않은 친구들에게 학습을 지속하게 하는 힘을 길러 줄 수 있어요. 재미있게 공부하면서 돈도 벌 수 있으니 그야말로 일석이조인 셈이지요. 재듀테크는 앱테크, 짠테크에 이어 더욱더 인기가 높아질 것으로 보여요.

그림 한자 사전

老

늙을 로

풀이 | ①늙다 ②익숙하다 ③어른 ④어버이 ⑤쇠약하다
필순 | 老老老老老老

- 老年 노년 | 늙은 나이
- 老衰 노쇠 | 늙어서 쇠약함

풀다 보면 논리력이 저절로

🔹 빈칸에 들어갈 알맞은 그림을 찾아보아요.

ⓒ | 금요

읽다 보면 문해력이 저절로 – 탈무드

다윗왕과 거미

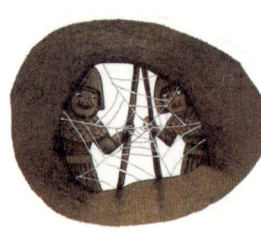

다윗왕은 거미를 몹시 싫어했어요. 거미가 아무 곳에나 집을 짓는 더러운 동물이라 생각했기 때문이에요. 다윗왕은 거미줄이 보일 때마다 투덜대며 걷어 내곤 했지요. 얼마 뒤 큰 전쟁이 일어났고, 다윗왕은 전쟁에서 패해 적에게 쫓기는 신세가 되었어요. 적군을 피해 숲속을 헤매던 다윗왕은 동굴 하나를 발견하고, 그곳에 들어가 지친 몸을 누이고 잠을 잤어요. 이튿날 아침, 동굴 밖에서 적군이 웅성거리는 소리가 들려왔어요. 적군의 말소리를 들으며 다윗왕은 제발 살려 달라고 기도했어요. 바로 그때 한 병사가 말했지요.

"그는 여기 없어! 동굴 입구의 거미줄을 좀 봐. 사람이 거미줄 사이로 들어갈 수는 없지 않은가?"
이 말을 들은 병사들은 헛수고하지 말자며 다른 곳으로 발길을 돌렸어요. 그들의 발소리가 멀어지자 다윗왕은 중얼거렸지요.
"오, 아무 쓸모 없다고 생각한 거미와 그토록 싫어하던 거미줄이 나를 살렸구나!"

LAUGH &LEARN

Point: again [어게인] 또, 다시

- hand in ~을 제출하다, 내다
- cross the street 길을 건너다
- make a mess 엉망으로 만들다, 어지르다

너 똑같은 걸 또 낸 거니?

너 신호를 안 보고 또 길을 건넜니?

Did you make a mess again?
너 또 어질렀니?

I am going to hand this in again~
나는 이거 또 낼 거지롱~

I am going to cross the street again.
난 이 길을 다시 건널 거야.

I am going to make a mess again~
난 또 어지를 거지롱~

도전! 사고력왕 - 난센스

여러 가지 색을 가진 개는?

□ ㅈ ㄱ

똥 눌 때 맞춤법!

① 어따 대고
② 얻다 대고
심술이야!

똥 눌 때 보는 만화 – 기프티콘

💩 **기프티콘** | 휴대 전화를 이용해서 주고받는 바코드형 온라인 선물 쿠폰을 말해요. 요즘에는 필요 없는 기프티콘을 중고 거래로 사고 파는 '기프테크'도 인기랍니다.

똑똑해지는 경제 용어

립스틱 효과

'립스틱 효과'란 경제가 안 좋을 때 나타나는 특이한 소비 현상이에요. 만족도는 높으면서 비교적 가격이 저렴한 기호품의 판매량이 증가하는 것이지요. 대개 '명품 가방은 못 사도 명품 립스틱 정도는 살 수 있다.'라는 생각에서 비롯되는 소비예요. 립스틱이 여성의 기호품이라면 남성의 기호품으로는 넥타이가 있어요. 그래서 립스틱 효과를 종종 '넥타이 효과'라고 부르기도 해요.

립스틱 효과는 1930년대 미국의 경제 대공황 때 경제가 어려운데도 불구하고 립스틱 매출은 오르는 신기한 현상을 보고 경제학자들이 만든 말이에요. 경기가 어려워 지갑이 얇아졌을 때 비교적 저렴한 기호품을 구매함으로써 '작은 사치'를 누리며 만족감을 얻는 것이지요.

No.26

똥 눌 때 보는 신문 경제

글 김도선 그림 이혜원 펴낸곳 삼성출판사 주소 서울시 서초구 명달로 94 전화 080-470-3000 등록 번호 제 1-276호 홈페이지 www.mylittletiger.com
이 책에 실린 글과 그림을 무단으로 복사, 복제, 배포하는 것은 저작권자의 권리를 침해하는 것입니다. ©삼성출판사

삼성출판사

경제 이야기 01 저출생, 나라의 미래를 흔들다	
그림 한자 사전 02 수풀 림(林) **문해력이 저절로** 사랑의 이름으로	
LAUGH & LEARN 03 오늘의 포인트 - yesterday **도전! 사고력왕**	
똥 눌 때 보는 만화 04 텐 포켓	

저출생, 나라의 미래를 흔들다

아이가 줄어들면 생기는 일

'저출생'이란 아이가 적게 태어나는 것을 말해요. 우리나라는 1990년대 이후 태어나는 아이의 수가 급격히 줄어들기 시작했어요. 현재 OECD(경제 협력 개발 기구) 회원국 중 부부 한 쌍이 한 명의 아이도 낳지 않는 유일한 국가가 되었지요.
출생률이 낮아지면 경제 활동을 할 수 있는 사람도 점차 줄어들기 때문에 기업과 국가는 경제 성장에 많은 어려움을 겪게 돼요. 그래서 정부는 신혼부부에게 여러 가지 혜택을 주며 출생률을 높이기 위해 노력하고 있어요.
하지만 우리나라의 저출생 원인으로 손꼽히는 비싼 집값과 긴 근무 시간, 사교육비 증가 등 중요한 문제가 해결되지 않아 아직 큰 효과는 보지 못하고 있지요. 저출생 문제를 근본적으로 해결하기 위해서는 정부와 사회의 꾸준한 관심과 노력이 필요하답니다.

경제 뭉치

① 저출생은 아이가 적게 태어나는 것을 말해요. (O/X)

② 우리나라는 1990년대 이후 태어나는 아이의 수가 급격히 늘었어요. (O/X)

③ 저출생은 개인만의 문제예요. (O/X)

정답 | X/X/O

그림 한자 사전

林

수풀 림

풀이 | ①수풀, 숲 ②빽빽하다 ③동아리

필순 | 林林林林林朴林林

- 林野 임야 | 나무가 무성한 땅
- 林業 임업 | 삼림을 경영하는 사업

풀다 보면 논리력이 저절로

💩 점이 5개씩 모이도록 선으로 이어 보아요.

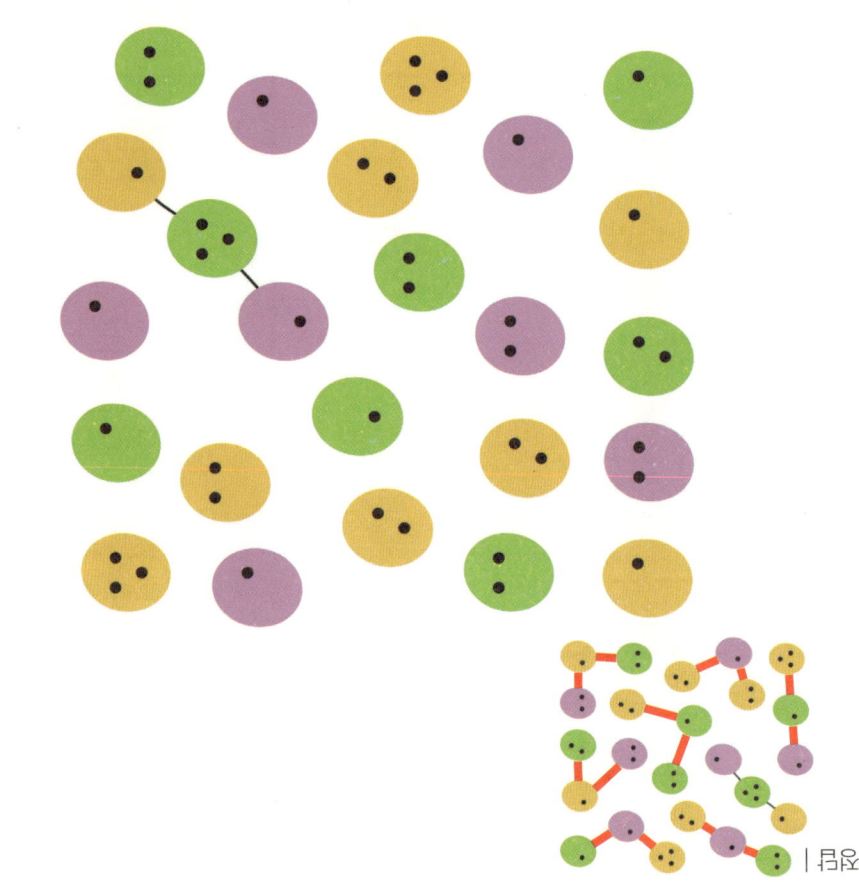

읽다 보면 문해력이 저절로 – 세계 문화유산

사랑의 이름으로

1631년, 무굴 제국은 넓은 땅과 풍요로운 살림으로 당시 세계에서 가장 강대한 나라였어요. 제국의 통치자 샤 자한 황제는 그만큼 행복했지요. 하지만 머지않아 불행이 찾아왔어요. 사랑하는 왕비 뭄타즈 마할이 열네 번째 아이를 낳다가 세상을 떠나고 만 것이지요. 샤 자한은 무척 슬퍼했어요. 그래서 사랑과 그리움을 담아 왕비의 무덤을 짓기로 했지요.

이탈리아와 프랑스 등 세계 곳곳에서 장인과 기술자가 왔으며, 귀한 대리석과 붉은 사암을 구하기 위해 인도로 떠난 사람도 있었어요. 터키, 이집트, 중국에서도 장식으로 쓸 보석이 속속 도착했지요. 1632년에 시작한 공사는 1648년에 끝났고, 그렇게 탄생한 무덤이 바로 타지마할이에요. 무굴 제국의 대표적 예술 작품이자, 위대한 세계 문화유산이지요.

타지마할

LAUGH & LEARN

Point: yesterday [예스터데이] 어제

- get lost 길을 잃다
- get hurt 다치다
- here 여기에서
- fall down 넘어지다

얘야, 어제 길을 잃었니?

Did you get lost here?
너 여기에서 길을 잃었어?

Did you get hurt yesterday?
너 어제 다쳤어?

너 여기에서 다쳤어?

Did you fall down yesterday?
너 어제 넘어졌어?

너 여기에서 넘어졌어?

도전! 사고력왕 – 사자성어

💩 눈 위에 서리가 내리듯 불행한 일이 계속 일어남을 이르는 말은?

| ㅅ | ㅅ | ㄱ | ㅅ |

똥 눌 때 맞춤법!

우리 강아지 털은
① 복슬복슬해.
② 복실복실해.

똥 눌 때 보는 만화 - 텐 포켓

텐 포켓(ten pocket) | 아이 한 명이 10개의 주머니를 가지고 있다는 뜻으로, 한 명의 아이를 위해 부모와 친척 및 주변 지인들까지 10명의 사람이 지갑을 여는 사회 현상을 뜻해요.

설화 속 경제 이야기

조기를 천장에 매단 구두쇠

어느 마을에 구두쇠로 유명한 영감이 살았어요. 하루는 어쩐 일인지 조기를 사서 집으로 돌아오는 게 아니겠어요? 아들이 오랜만에 보는 생선에 군침을 흘리는데, 영감은 조기를 밥상에 올리는 게 아니라 짚 끈으로 묶어 천장에 매달아 놓는 거예요. 그러더니 식구들에게 밥 한 술 뜨고 조기 한 번 쳐다보며 밥을 먹으라고 하는 거예요.
아들이 아쉬운 마음에 조기를 두 번 쳐다보자 구두쇠 영감이 호통을 치며 말했습니다.
"아니, 이 녀석아! 밥 한 술에 두 번 쳐다보면 짜지 않겠어? 한 번만 쳐다보거라!"
그렇게 아끼며 살던 구두쇠 영감은 환갑이 되던 해에는 아껴 온 재산으로 잔치를 열고, 흉년이 드는 해에는 곡식을 나누어 주는 등 베풀며 살기 시작했어요. 혼자만 잘 살 수 없다는 것을 깨달은 것이지요.

똥 눌 때 보는 신문 경제

No.27

글 김선 그림 이혜원 펴낸 곳 삼성출판사 주소 서울시 서초구 명달로 94 전화 080-470-3000 등록 번호 제 1-276호 홈페이지 www.mylittletiger.com
이 책에 실린 글과 그림을 무단으로 복사, 복제, 배포하는 것은 저작권자의 권리를 침해하는 것입니다. ©삼성출판사

경제 이야기 01
못 떠나는 캥거루족

그림 한자 사전 02
설 립(立)

문해력이 저절로
세상에서 가장 유명한 그림

LAUGH & LEARN 03
오늘의 포인트 - look

도전! 사고력왕

똥 눌 때 보는 만화 04
프리터족

못 떠나는 캥거루족

일하고 싶은 사람, 사람이 부족한 회사

젊은 사람들이 일자리를 잃거나 일할 기회를 얻지 못하는 상태를 '청년 실업'이라고 해요. 많은 청년이 급여가 높거나 전용 어린이집, 직원 할인 등 직원 복지가 잘되어 있는 일자리를 얻고 싶어 해요. 하지만 이런 일자리는 많지 않아 경쟁률이 너무 높지요. 반대로 급여가 적거나 업무 강도가 높은 회사는 인기가 없다 보니 일손이 부족해요. 따라서 이런 회사에서는 사람이 모자라고, 일자리를 찾는 사람들은 좋은 일자리가 부족하다고 느낄 수밖에 없지요.

청년 실업은 경기가 안 좋을 때 더 심해져요. 일자리가 없는 청년은 경제적으로 부모에게 의존하게 되는데, 이들을 마치 새끼 캥거루처럼 엄마 뱃속에 있다고 해 '캥거루족'이라고 해요. 청년 실업 문제를 해결하기 위해 정부는 직업 교육을 제공하고 박람회를 여는 등 노력을 기울이고 있지만 아직 별 성과가 없답니다.

경제 뭉치

① 젊은 사람들이 일자리를 얻지 못하는 상태를 이르는 말
ㅊ ㄴ ㅅ ㅇ

② 어른이 되어서도 경제적 여유가 없어 여전히 부모님과 같이 사는 청년을 일컫는 말
ㅋ ㄱ ㄹ ㅈ

정답 | 청년 실업, 캥거루족

그림 한자 사전

立

설 립

풀이 | 서다, 세우다
필순 | 立 立 立 立 立

- 立身 입신 | 출세함
- 公立 공립 | 공공 단체가 설립한 시설

풀다 보면 논리력이 저절로

🟤 빈칸에 들어갈 알맞은 그림을 찾아보아요.

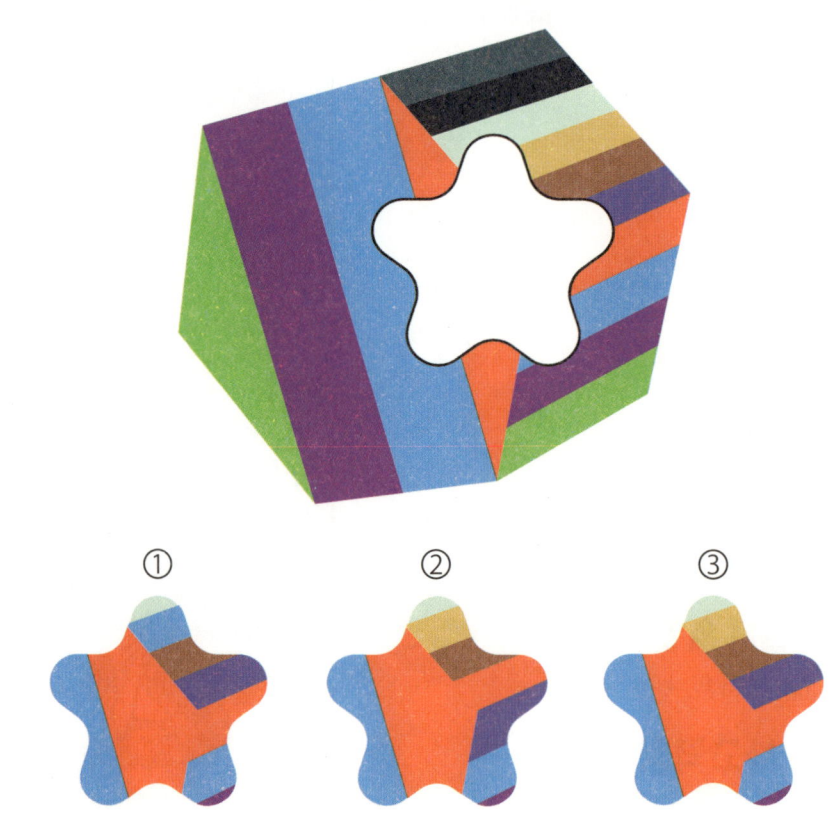

① ② ③

ⓒ | 정답

읽다 보면 문해력이 저절로 – 명화

세상에서 가장 유명한 그림

세상에서 가장 아름다운 미소라고 알려진 〈모나리자〉는 이탈리아의 예술가 레오나르도 다빈치가 그린 초상화예요. 모나(mona)는 결혼한 여성의 이름 앞에 붙이는 칭호이고, 리자(Lisa)는 초상화의 모델 이름이에요. 즉, 리자 부인의 초상화라는 뜻이지요.

은은한 미소와 신비로운 분위기 그리고 어디에서 보더라도 그림 속 모델과 눈이 마주치는 것이 이 초상화의 가장 큰 특징이에요. 워낙 유명한 초상화라 여러 번 도난당하는 사고가 있었지만, 다행히 그림을 되찾아 현재 프랑스 파리에 있는 루브르 박물관에 전시되어 있어요.

모나리자 | 530×770mm | 1503~1506년 | 루브르 박물관

보는신문

LAUGH & LEARN

Point: look [룩] 보다, ~해 보이다

- watch 보다
- dacne 춤, 춤을 추다
- cool 멋진
- nice 착한, 좋은

Let's watch TV. 텔레비전 보자.
별로 안 보고 싶은데….

와, 저 사람 멋져 보여.
He doesn't look cool. 그는 멋져 보이지 않아.

오, 저 사람들 춤을 잘 추네.
They don't dance well. 그들은 춤을 잘 추지 않아.

You look so nice. 너 정말 착한 것 같아.
I'm not nice. 나는 착하지 않아.

오, 그래? 넌 착하지 않구나.

도전! 사고력왕 - 관용어

하던 일을 그만두거나 멈추는 것을 뜻하는 말은?

더는 못해…

人 을 놓다

똥 눌 때 맞춤법!

① 설겆이
② 설거지

좀 해 주세요.

똥 눌 때 보는 만화 – 프리터족

🦠 **프리터족** | 프리 아르바이터(free arbeiter)를 줄인 말로, 고정적인 일자리 없이 필요한 돈을 마련할 때까지만 일하고 그만두기를 반복하는 사람을 말해요.

똑똑해지는 경제 용어

레몬 마켓? 피치 마켓?

레몬은 쓰고 신맛이 강해 맛없고 잘 안 먹는 과일로 알려졌어요. 미국에서는 불량품이라는 뜻으로 쓰이기도 해요. '레몬 마켓'이란 시고 맛없는 레몬처럼 품질이 떨어지는 물건이나 서비스를 거래하는 시장을 말해요. 미국인이 중고차 시장을 표현할 때 쓰던 말인데, 판매자보다 제품에 대한 정보가 적은 소비자가 정보의 불균형 때문에 안 좋은 차를 사게 될 가능성이 높기 때문이에요.

반대로 품질이 좋은 물건이나 서비스가 거래되는 시장을 달콤한 복숭아에 비유해 '피치 마켓'이라고 해요. 피치 마켓은 레몬 마켓과 달리 정보의 불균형이 없어서 가격에 비해 높은 품질의 제품이 거래되는 시장이에요. 정보가 잘 공유되기 때문에 판매자는 서로 경쟁하게 되고, 소비자는 보다 저렴한 가격에 좋은 물건과 서비스를 얻을 수 있지요.

No.28
똥 눌 때 보는 신문 경제

글 김선 그림 이혜원 펴낸곳 삼성출판사 주소 서울시 서초구 명달로 94 전화 080-470-3000 등록 번호 제1-276호 홈페이지 www.mylittletiger.com 삼성출판사
이 책에 실린 글과 그림을 무단으로 복사, 복제, 배포하는 것은 저작권자의 권리를 침해하는 것입니다. ©삼성출판사

경제 이야기 01

'스드메' 가격에 우는 예비부부

그림 한자 사전 02
낯 면(面)

문해력이 저절로
앵무새는 어떻게 말을 할까?

LAUGH & LEARN 03
오늘의 포인트 - birthday

도전! 사고력왕

똥 눌 때 보는 만화 04
비혼주의

'스드메' 가격에 우는 예비부부

왜 자꾸 가격이 높아져요?

부부의 시작을 알리는 결혼식은 무척 중요한 날이에요. 예비부부들은 이 날을 위해 '스드메'라고 부르는 스튜디오, 드레스, 메이크업에 가장 신경을 쓰게 되지요.
그런데 웨딩 업체에서 계속 추가금을 내라고 해서 문제가 되곤 해요. 이미 비용을 냈는데도 옷을 바꾸거나, 사진을 더 찍는다는 이유로 추가금을 내야 하는 경우가 많지요. 그래서 소비자의 불만이 높아졌어요.

이를 예방하기 위해 정부는 웨딩 정찰제와 가격 표시제를 제안했어요. 정찰제는 처음 정해진 소비자 판매 가격을 말해요. 가격의 변동 없이 정해진 가격으로만 판매하니 소비자가 믿고 선택할 수 있지요. 또 최종 판매 가격을 나타내는 가격 표시제 역시 소비자의 합리적 선택을 도울 수 있어요. 정해진 가격을 보고 여러 업체를 비교하면서 예산에 맞게 결혼 준비를 할 수 있기 때문이에요.

경제 뭉치

① 결혼 비용은 항상 똑같아요. (O/X)
② 결혼 준비에 계속해서 추가금이 붙다 보니 예비부부들의 불만이 많아졌어요. (O/X)
③ 정찰제와 가격 표시제는 투명하고 합리적인 웨딩 문화를 만들어 줄 거예요. (O/X)

정답 X/O/O

그림 한자 사전

낯 **면**

풀이 | ①낯, 얼굴 ②앞, 표면 ③방향 ④탈 ⑤행정 구역의 하나
필순 | 面 面 面 面 面 面 面 面 面

- 面談 면담 | 대면하여 이야기함
- 面目 면목 | 얼굴 생김. 낯. 겉모습

풀다 보면 논리력이 저절로

💩 다음 그림을 보고 알맞은 모양을 찾아보아요.

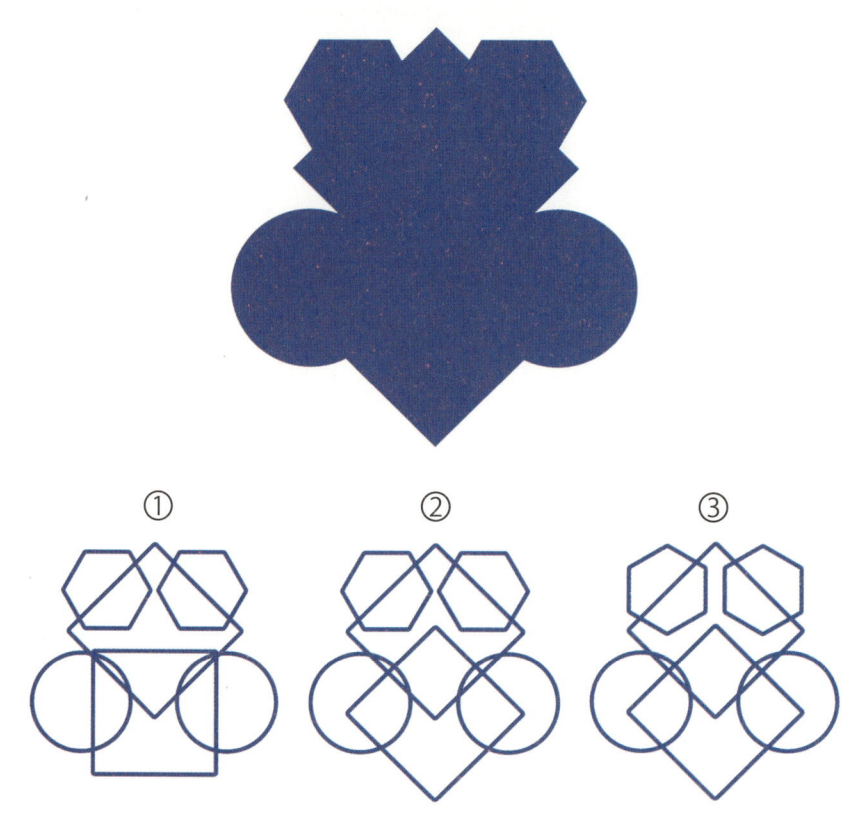

정답 | ⑦

읽다 보면 문해력이 저절로 - 호기심

앵무새는 어떻게 말을 할까?

인간이 다른 동물보다 뛰어난 특징 가운데 하나는 말을 하는 거예요. 머리가 좋다고 하는 고릴라, 침팬지도 말은 못하지요. 그런데 앵무새는 말을 할 줄 알아요. 참 신기하지 않나요?

앵무새가 말을 할 수 있는 건 다른 새들보다 뇌가 발달해서 잘 외우는 데다가 혀의 구조가 특이하기 때문이에요. 보통 새들은 혀가 가늘고 뾰족한 모양인데, 앵무새는 사람의 혀와 비슷하게 두껍고 넓적하면서 잘 움직여요. 그래서 사람 말을 흉내 낼 수 있지요. 구관조라는 새도 그렇답니다.

그렇다고 앵무새가 모든 말을 흉내 낼 수 있는 건 아니에요. 입술을 오므려서 나오는 낱말은 따라 할 수 없어요. 입술이 없으니까요. 앵무새는 종류에 따라 언어를 흉내 내는 능력이 다른데, 아프리카의 한 앵무새는 무려 1,000여 개의 낱말을 흉내 낼 줄 알았다고 해요. 물론 뜻도 모른 채 말이지요. 또 앵무새는 기억력이 좋아서 새장 문을 열고 닫기도 한답니다.

LAUGH & LEARN

Point: birthday [벌스데이] 생일

- sunglasses 선글라스
- by the way 그런데
- have 가지다
- cap 모자

도전! 사고력왕 – 난센스

빵이 목장에 간 이유는?

ㅅ ㅂ ㄹ

정답 | 소보루(소 보러)

똥 눌 때 맞춤법!

① 가든지 말든지
② 가던지 말던지
하고 싶은 대로 해.

정답 | ①

똥 눌 때 보는 만화 – 비혼주의

> 💩 **비혼주의** | 결혼을 선택하지 않는 삶의 방식을 말해요.
> 💩 **딩크족** | 'Double Income, No Kids'의 약자(DINK)로, 결혼을 했지만 자녀를 낳지 않는 맞벌이 부부를 말해요.

세계 경제 위인

시간을 아낀 벤저민 프랭클린

벤저민 프랭클린이 서점에서 일할 때였어요. 한 손님이 물었어요.
"이 책은 얼마입니까?"
"1달러입니다."
손님은 미소 지으며 사정했어요.
"조금 싸게 해 주시면 안 될까요?"
하지만 프랭클린은 눈 하나 깜짝 않고 말했어요.
"그럼 1달러 15센트를 내십시오."
당황한 손님이 다시 묻자, 이번엔 1달러 50센트를 내라고 했어요. 손님은 어이가 없다는 듯 큰 소리로 따져 물었어요. 그러자 프랭클린은 조용히 말했지요.
"손님, 시간은 돈보다 더 귀한 것인데, 손님이 자꾸 제 시간을 없앴으니 책값에 시간값을 더 얹어 줘야 할 것 아닙니까?"
손님은 어안이 벙벙해 어쩔 줄 몰랐어요.

똥 눌 때 보는 신문 경제

No.29

글 김선 그림 이혜원 펴낸곳 삼성출판사 주소 서울시 서초구 명달로 94 전화 080-470-3000 등록 번호 제 1-276호 홈페이지 www.mylittletiger.com
이 책에 실린 글과 그림을 무단으로 복사, 복제, 배포하는 것은 저작권자의 권리를 침해하는 것입니다. ⓒ삼성출판사

경제 이야기 01

부루마불에서 이기는 방법

그림 한자 사전 02
이름 명(名)

문해력이 저절로
신채호의 젖은 옷

LAUGH & LEARN 03
오늘의 포인트 - laundry

도전! 사고력왕

똥 눌 때 보는 만화 04
숲세권, 학세권

경제 뭉치

① 사람들은 교통이 편리한 곳에 살고 싶어 해요. (O/X)

② 한 지역에 사람들이 계속 몰리면 그 지역의 부동산 가격은 무조건 하락해요. (O/X)

③ 정부는 다양한 도시 계획을 세우곤 해요. (O/X)

O/X/O | 답정

부루마불에서 이기는 방법

지역 경제를 좌우하는 부동산

부루마불 게임을 해 본 적이 있나요? 부루마불은 내가 산 땅 위에 건물을 짓고 통행료를 받아 돈을 가장 많이 번 사람이 이기는 게임이에요. 이때 땅이나 집처럼 움직이지 않는 자산을 '부동산'이라고 해요.

사람들이 살고 싶어 하는 곳은 대부분 비슷해요. 학교가 가깝거나 교통이 편리한 곳, 병원이나 백화점 등이 가까워 생활하기 편한 곳이지요. 이처럼 많은 사람이 살고 싶어 하는 곳은 시간이 지나면서 가치가 올라 투자 수단이 되기도 해요.

그러나 사람들이 한 지역에 많이 몰리면 그 지역 부동산 가격이 급격히 오르고, 환경 오염이 심해지는 등 여러 문제가 생길 수 있어요. 그래서 정부는 도로를 새로 만들거나 지하철을 연결해 인구가 골고루 분포될 수 있도록 다양한 도시 계획을 세우지요. '신도시'도 이런 도시 계획 중 하나로 만들어진 도시예요.

그림 한자 사전

이름 **명**

풀이 | ①이름 ②이름나다
필순 | 名 名 名 名 名 名

- 名曲 명곡 | 뛰어난 음악
- 名勝 명승 | 경치가 뛰어난 곳

풀다 보면 논리력이 저절로

🦠 물음표에 들어갈 알맞은 단어를 써 보아요.

 ➡ 사다리

 ➡ 미나리

 ➡ 미사일

 ➡ ?

정답 | 다리미

읽다 보면 문해력이 저절로 – 한국사

신채호의 젖은 옷

독립운동가 신채호는 빼앗긴 조국을 되찾기 위해 중국으로 가서 독립운동을 했어요. 이때 언론인 이광수와 한집에 살았는데, 이광수는 2·8 독립 선언서의 초안을 작성했다는 이유로 일본 경찰에 쫓겨 중국으로 건너왔어요.

어느 날, 이광수는 신채호의 버릇을 하나 발견했어요. 신채호는 아침마다 고개를 꼿꼿이 세우고 세수를 했어요. 그러다 보니 그의 옷은 항상 젖어 있는 상태였어요. 이광수는 답답해하며 세수를 할 땐 고개를 숙여야 옷이 젖지 않는다고 했지요. 하지만 신채호는 그럴 만한 이유가 있다고 말했어요.

그 이유는 바로 자신은 아침마다 고개를 꼿꼿이 세우고 세수를 하면서 절대 일본에 허리를 굽히지 않겠다고 다짐한다는 것이었지요. 고개를 세우고 세수하는 것 또한 그런 의지를 다지기 위해서라고요. 이광수는 비로소 신채호의 깊은 뜻을 알 수 있었답니다.

LAUGH & LEARN

laundry [런드리] 빨래

- 동사 끝에 ing를 붙이면 '~하고 있는'이라는 진행의 의미가 돼요.
'씻다'라는 뜻의 wash에 ing를 붙이면 '씻고 있는(washing)'이라는 의미가 되지요.

도전! 사고력왕 - 사자성어

🟫 백 번 쏘아 백 번 맞힌다는 뜻으로, 모든 것이 잘 들어맞는다는 말은?

ㅂ ㅂ ㅂ ㅈ

똥 눌 때 맞춤법!

① 일일히
② 일일이

설명해 주기 어려워.

똥 눌 때 보는 만화 – 숲세권, 학세권

- **숲세권** | 녹지 공간을 뜻하는 '숲'과 거주자가 분포하는 범위인 역세권의 '세권'이 합쳐진 말이에요. 자연환경을 품은 곳을 말하지요.
- **학세권** | 인근에 학교나 학원 등 교육 시설이 밀집해 있어 교육 환경이 좋은 주거 지역을 말해요.

똑똑해지는 경제 용어

체리 피커

'체리 피커(cherry picker)'란 케이크는 먹지 않으면서 케이크 위에 올려진 체리만 쏙쏙 빼 먹는 사람을 표현하는 말이에요. 즉, 상품이나 서비스는 구매하지 않으면서 자신의 실속만 챙기는 사람이지요.

예를 들어, 신용 카드를 발급할 때 제공되는 서비스 혜택만 받고 막상 카드는 사용하지 않는 고객을 말해요. 소비자 입장에서는 현명한 소비라고 볼 수도 있지만, 기업 입장에서는 이런 체리 피커가 많을수록 실제 매출은 오르지 않고 지출만 늘어나기 때문에 난감할 수 있어요. 그래서 일부 기업에서는 서비스 혜택을 받을 수 있는 고객 조건을 까다롭게 하는 등 체리 피커를 관리하기 위해 다양한 노력을 하고 있어요.

No.30
똥 눌 때 보는 신문 경제

경제 이야기 01
우리 집도 빚이 있을까?

그림 한자 사전 02
물을 문(問)

문해력이 저절로
세 번 이사한 맹자 어머니

LAUGH & LEARN 03
오늘의 포인트 - sorry

도전! 사고력왕

똥 눌 때 보는 만화 04
대출

경제 뭉치
가정에서 대출받는 이유로
옳지 않은 것은?

① 신혼부부가 집을 구입하기 위해 대출을 받는다.
② 사회 초년생이 생활비로 쓰기 위해 대출을 받는다.
③ 제품의 제작 및 홍보를 위해 대출을 받는다.

우리 집도 빚이 있을까?

가계 부채 역대 최고

각 가정에서는 집이나 자동차를 구매하거나, 학비 또는 병원비 등을 내기 위해 은행에서 돈을 빌려요. 이렇게 빌린 돈을 '빚' 또는 '부채'라고 하고, 각 집이 가지고 있는 빚을 '가계 부채'라고 하지요.
집값이 오르면서 가계 부채도 꾸준히 늘어나고 있어요. 만약 우리 집에 빚이 너무 많다면 어떻게 될까요? 아마 당장 꼭 필요한 곳에만 돈을 쓰게 될 거예요. 문제는 우리나라의 가계 부채 규모가 계속해서 늘어난다는 점이에요. 집집마다 늘어난 빚 때문에 소비를 줄이게 되고, 그럴수록 경제는 더욱 위축되지요.
이로 인해 물건을 만들어 사고파는 행위가 줄어들면 기업은 물론 은행과 국가는 위기에 맞닥뜨리게 돼요. 따라서 정부는 대출과 금리를 관리하면서 가계 부채가 급격히 늘어나지 않도록 다양한 정책을 마련하고 있어요.

그림 한자 사전

問

물을 **문**

풀이 | ①묻다 ②방문하다
필순 | 問問問問問問問問問問

- 問答 문답 | 물음과 대답
- 問題 문제 | 해답을 요구하는 물음

풀다 보면 논리력이 저절로

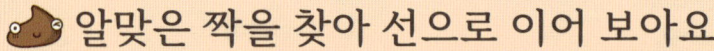
🟫 알맞은 짝을 찾아 선으로 이어 보아요.

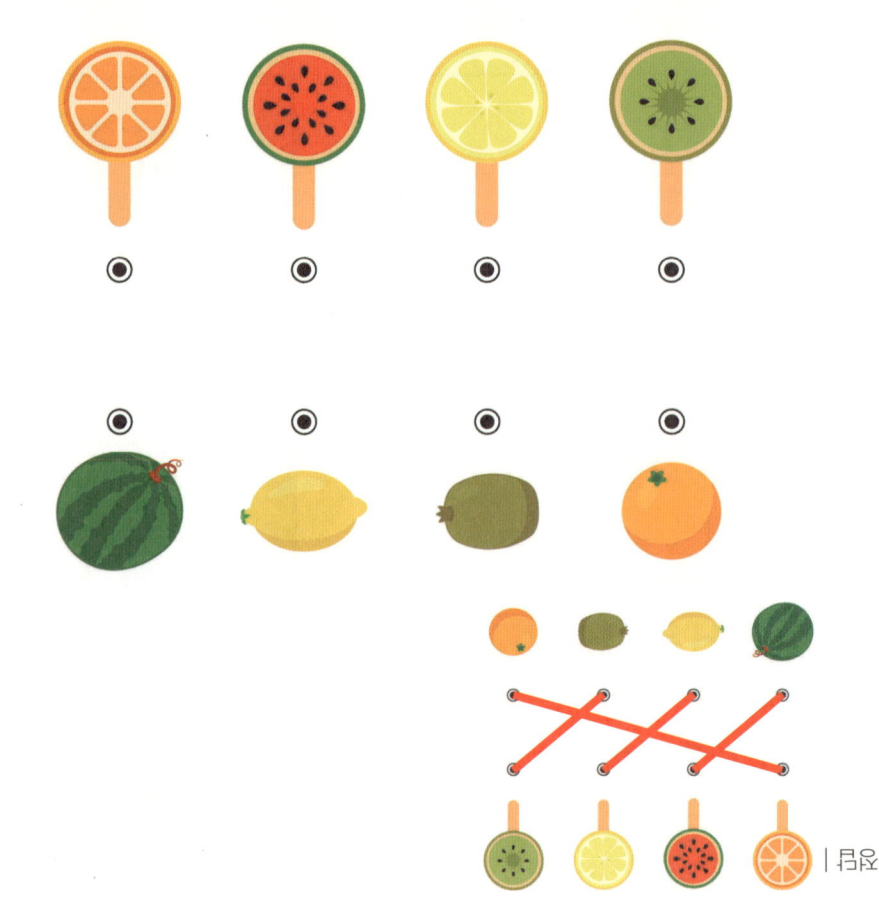

읽다 보면 문해력이 저절로 – 세계사

세 번 이사한 맹자 어머니

맹자는 일찍이 아버지를 여의고 어머니와 단둘이 묘지 근처로 이사를 갔어요. 어머니는 맹자에게 글공부를 열심히 하라고 했지만 맹자는 친구들과 곡을 하며 상여를 메는 흉내만 낼 뿐이었지요. 어머니는 아들의 장래를 생각해 서둘러 이사를 했어요. 이번에 간 곳은 시장 근처였어요. 하지만 맹자는 친구들과 함께 시장 놀이를 할 뿐이었지요. 이 모습을 본 어머니는 서당 근처로 이사를 갔어요. 며칠 뒤, 어머니는 맹자가 친구들과 노는 걸 보았어요. 가만히 보니, "하늘 천, 따 지, 검을 현, 누를 황…" 하고 서당에서 들려오는 글 읽는 소리를 따라 하는 거였지요. 그제야 어머니는 웃을 수 있었어요. 이렇게 맹자의 어머니가 아들을 올바로 가르치기 위해 세 번이나 이사를 한 일을 가리켜 '맹모삼천지교'라고 한답니다.

보는 신문

LAUGH & LEARN

sorry [쏘리] 미안한

- Let's ~하자
- clean 청소하다
- study 공부하다
- room 방

도전! 사고력왕 – 속담

무리에 어울리지 못하는 사람을 이르는 말은?

ㄱ ㅂ 에 도토리

똥 눌 때 맞춤법!

① 넓직한
② 널찍한

방을 갖고 싶어.

똥 눌 때 보는 만화 – 대출

- 💩 **대출** | 돈이나 물건 따위를 빌려주거나 빌리는 것을 말해요. 은행은 예금과 대출로 이익을 얻지요.
- 💩 **학자금** | 학교를 다니는 등 공부하는 데 드는 비용을 말해요.

탈무드 속 경제 이야기

똑똑한 게 아니라 얌체

랍비 한 명이 땅을 사기 위해 땅 주인과 흥정을 시작했어요. 두 사람은 오랜 실랑이 끝에 흥정을 끝냈지요. 그리고 랍비가 돈을 가져오겠다고 자리에서 일어선 순간, 이 모든 걸 지켜보던 다른 랍비가 냉큼 나서서 그 땅을 사겠다고 하는 거예요.
"여기 돈이요. 같은 값이라면 돈을 가져온 나에게 파시오."
땅 주인은 두 번째 랍비에게 같은 값으로 땅을 팔았어요. 그러자 기분이 몹시 상한 첫 번째 랍비가 땅을 산 랍비에게 말했어요.

"어떤 아이가 과자를 사려고 가게에 갔소. 그 아이는 과자를 잘 살펴보고 좋은 것을 골라 놓았지요. 그런데 다른 아이가 와서 그 과자를 냉큼 사 갔다면 누가 잘못한 것이오?"
"그야 과자를 가로챈 아이가 잘못했지요."
"그렇소. 지금 당신이 한 행동도 과자를 가로챈 아이가 한 짓과 같소."

No.31

글 김선 그림 이혜원 펴낸곳 삼성출판사 주소 서울시 서초구 명달로 94 전화 080-470-3000 등록 번호 제 1-276호 홈페이지 www.mylittletiger.com 삼성출판사
이 책에 실린 글과 그림을 무단으로 복사, 복제, 배포하는 것은 저작권자의 권리를 침해하는 것입니다. ©삼성출판사

똥눌때 보는 신문 경제

경제 이야기 01
 은퇴 쓰나미가 몰려온다

그림 한자 사전 02
일 사(事)

문해력이 저절로
작은 선행의 큰 힘

LAUGH & LEARN 03
오늘의 포인트 - ago

도전! 사고력왕

똥 눌 때 보는 만화 04
파이어족

경제 뭉치

① 정해진 나이보다 일찍 직장을 그만두는 것을 조기 은퇴라고 해요. (O/X)

② 조기 은퇴는 더 많은 시간과 행복한 삶을 얻기 위한 선택이에요. (O/X)

③ 은퇴하는 인구가 많아지면 경제 성장률이 올라갈 거예요. (O/X)

정답 X/O/O

은퇴하는 사람들

'은퇴'란 정해진 나이가 되었거나 더 이상 일을 하지 않기로 결정했을 때 직장을 그만두는 것을 말해요. 대부분의 사람은 60세가 넘으면 은퇴를 하지만 어떤 사람은 더 일찍 은퇴를 선택하기도 하는데, 이를 '조기 은퇴'라고 해요.

조기 은퇴를 하는 데에는 여러 가지 이유가 있어요. 시간을 자유롭게 활용하기 위해서, 혹은 몸과 마음의 건강을 위해서 하기도 하고, 이미 경제적 안정을 이룬 경우에도 하지요. 우리나라의 경우 조기 은퇴 외에도 베이비 부머(1955~1974년 출생) 세대의 은퇴가 시작되고 있는데, 이들은 우리나라 인구의 5분의 1을 차지할 정도로 많은 인원이에요.

그렇다 보니 실질적으로 일하는 경제 인구가 줄어들 것으로 예상해요. 그 때문에 우리나라의 경제 성장률이 하락할 수 있다는 우려가 나오고 있답니다.

그림 한자 사전

事

일 사

풀이 | ①일 ②섬기다 ③일삼다
필순 | 事事事事事事事事

- 事故 사고 | 뜻밖에 일어난 불행한 일
- 事物 사물 | 일과 물건

풀다 보면 논리력이 저절로

 다음 그림을 보고 알맞은 모양을 찾아보아요.

ⓒ | 月요

읽다 보면 문해력이 저절로 – 탈무드

작은 선행의 큰 힘

호숫가에 사는 농부는 겨울이 되자, 보트를 호수에서 끌어 올렸어요. 그런데 실수로 보트 밑창에 작은 구멍을 내고 말았지요. 농부는 내년 봄에 수리해야겠다고 생각했어요. 그해 겨울, 마을에 사는 칠장이가 찾아와 일거리를 달라고 부탁했어요. 농부는 보트를 칠해 달라고 요청했고, 칠장이는 보트를 새것처럼 칠해 놓고 돌아갔어요.

이듬해 봄이 되자, 농부는 아이들에게 보트를 타라며 내주었어요. 2시간쯤 지났을 때 문득 농부는 보트 밑창에 뚫린 구멍이 생각났어요. 그래서 부리나케 호숫가로 달려갔어요. 아이들이 막 보트에서 내리고 있었지요.

"아, 얘들아! 무사했구나!"

농부는 아이들을 부둥켜안았어요. 그런 다음 보트 밑창을 재빨리 살펴보았지요. 그런데 구멍에 나뭇조각을 대고 못질한 흔적이 있는 게 아니겠어요! 알고 보니 칠장이가 보트를 칠하면서 수리해 놓은 것이었지요. 농부는 칠장이에게 감사 인사를 전했어요. 칠장이는 별거 아니라고 했지만, 그의 선한 행동이 아이들의 목숨을 구했답니다.

LAUGH &LEARN

Point: ago [어고] ~전에

- be동사는 현재형과 과거형의 모양이 달라요.

현재형	과거형
am	was
are	were
is	was

도전! 사고력왕 – 난센스

 병아리가 자주 찾는 약은?

똥 눌 때 맞춤법!

① 익숙지
② 익숙치

않은 일이 많아.

똥 눌 때 보는 만화 - 파이어족

🐾 **파이어족** | 'Financial Independence, Retire Early'의 약자(FIRE)로, 젊은 나이에 경제적 안정을 이루어 조기에 은퇴하려고 노력하는 사람들을 말해요.

똑똑해지는 경제 용어

카페라테 효과

한 연구에 따르면 우리나라 사람 한 명이 1년에 마시는 커피의 양은 무려 405잔이나 된다고 해요. 1년이 365일이니 한 사람이 하루에 한 잔 이상은 꼭 마신다는 뜻이지요. 그런데 이렇게 자주 마시는 커피를 끊고 그 돈을 아낀다면 어떻게 될까요? "티끌 모아 태산"이라는 속담처럼 아마 큰돈을 모을 수 있을 거예요.

이처럼 '카페라테 효과'는 식사 후 마시는 맛있는 커피 한 잔의 유혹을 떨쳐 버리고, 그 돈을 꾸준히 모으면 큰돈이 된다는 의미에서 나온 말이에요. 또 일상에서 별생각 없이 사소하게 낭비하는 것 자체에 경각심을 가지고 현명하게 돈 쓰는 방법에 대해 생각해야 한다는 의미의 말이기도 하지요.

No.32

똥 눌 때 보는 신문 경제

경제 이야기 01
 일을 했는데 돈을 못 받았다고?

그림 한자 사전 02
각각 각(各)

문해력이 저절로
사막의 맨해튼

LAUGH & LEARN 03
오늘의 포인트 - homework

도전! 사고력왕

똥 눌 때 보는 만화 04
주휴 수당

경제 뭉치

① 최저 임금이란 일을 하고 나서 받는 최대한의 돈을 말해요. (O/X)

② 국가는 최소한의 생활을 보장하기 위해 최저 임금을 정해요. (O/X)

③ 외국인 노동자도 최저 임금을 적용받아요. (O/X)

O/O/X | 답정

일을 했는데 돈을 못 받았다고?

임금 착취로 신고당한 점주

일을 하고 받는 돈을 '임금'이라고 해요. 그런데 때때로 임금을 제대로 받지 못하는 경우가 있어요. 특히 이런 문제가 생겼을 때 적극적으로 대응하기 어려운 교육생, 외국인, 장애인을 대상으로 하는 임금 착취 문제가 종종 뉴스에 나오곤 하지요. 이를 예방하기 위해 정부에서는 '최저 임금'을 정하고, 1시간을 기준으로 최저 임금 이상의 돈을 받을 수 있도록 법으로 규제하고 있어요.

최저 임금은 최소한의 생활을 보장하고, 사회 불평등을 줄여 줘요. 그러나 일부 기업과 자영업자는 최저 임금이 계속 높아지는 것을 걱정해요. 왜냐하면 임금이 높아질수록 이익이 줄어들어 회사와 사업을 운영하는 게 어려워지기 때문이에요.

따라서 국가에서는 물가 상승, 경제 상황 등 여러 가지 문제를 고려해 최저 임금을 적절한 금액으로 정하고 있답니다.

그림 한자 사전

各

각각 각

풀이 | 각각, 제각기, 따로따로
필순 | 各各各各各各

- 各各 각각 | 따로따로, 제각기
- 各界 각계 | 사회의 각 분야

풀다 보면 논리력이 저절로

🟤 물음표에 들어갈 알맞은 숫자를 써 보아요.

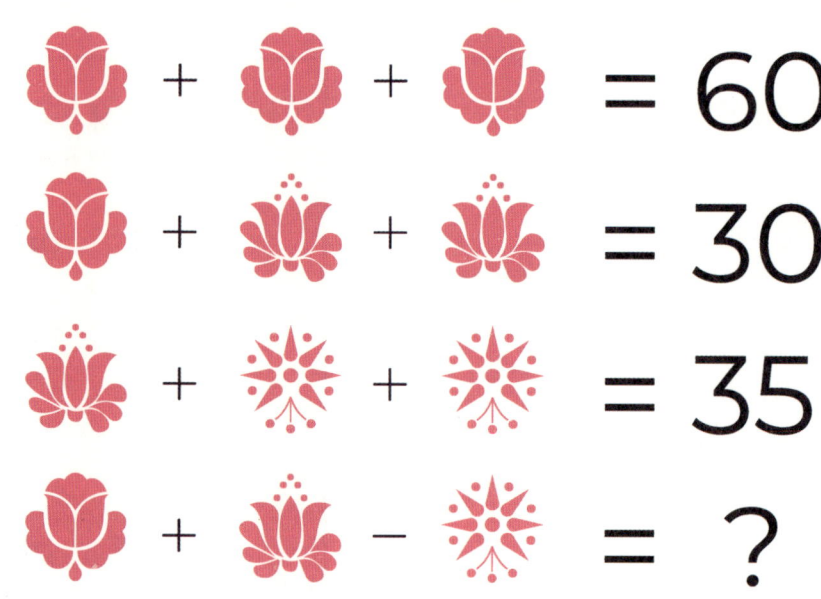

이 | 닫요

읽다 보면 문해력이 저절로 – 세계 문화유산

사막의 맨해튼

미국 뉴욕의 섬 맨해튼은 세계 경제의 중심지답게 초고층 빌딩이 가득해요. 그런데 사막 한가운데에 고층 빌딩이 빼곡히 들어선 도시가 있다면 믿기나요?

예멘의 시밤은 500여 채의 건물이 높은 성벽에 둘러싸여 있는 도시로, '사막의 맨해튼'이라고 불려요. 건물은 모두 진흙을 빚어 햇볕에 말린 벽돌로 지었는데, 대략 5~16층 높이예요. 16세기부터 지었으니 인류 최초의 고층 아파트라고 할 수 있지요.

하지만 시밤에는 문제가 하나 있었는데, 그것은 사막과 전혀 어울리지 않는 비였어요. 사막에 내리는 비는 강수량은 적어도 건물에는 치명적이에요. 비가 오면 진흙 벽돌이 약해져 건물이 주저앉고 말지요. 특히 시밤은 골짜기에 위치해 있어 큰비가 내리면 강물이 넘쳐흘러요. 실제로 2008년, 큰 홍수가 났을 때 시밤에서는 많은 건물이 무너져 내렸답니다.

예멘의 성곽 도시, 시밤

LAUGH & LEARN

Point homework [홈워크] 숙제

- 동사 끝에 ed를 붙이면 '~했다'라는 의미예요. '듣다'라는 뜻의 listen에 ed를 붙이면 listened, 즉 '들었다'라는 의미가 되지요.

도전! 사고력왕 – 사자성어

💩 적을 거침없이 물리치고 당당하게 쳐들어가는 기세를 이르는 말은?

| ㅍ | ㅈ | ㅈ | ㅅ |

똥 눌 때 맞춤법!

내가 그런 게
① 아니에요.
② 아니예요.

똥 눌 때 보는 만화 – 주휴 수당

- 아르바이트 | 본래 직업이 아닌 임시로 하는 일을 말해요.
- 주휴 수당 | 일주일에 15시간 이상 일하며 정해진 근무 일수를 채운 근로자에게 하루 일당을 더 주는 유급 휴일 제도를 말해요.

설화 속 경제 이야기

나무 그늘을 산 총각

옛날에 마음씨 고약한 부자가 살고 있었어요. 부자는 매우 인색해서 자기 집 앞 나무 그늘에서 마을 사람들이 쉬고 있으면 화를 내며 쫓아내곤 했지요. 그러던 어느 날, 한 총각이 그 나무 그늘에서 쉬고 있었어요. 여느 때처럼 부자는 총각을 내쫓으려 했지요. 그러자 총각은 나무 그늘을 돈 주고 사겠다고 했어요. 부자는 옳다구나 하고 돈을 받고 총각에게 그늘을 팔아 버렸어요.

시간이 지나 해가 기울면서 나무 그늘이 부잣집 마당에 드리우기 시작했어요. 그러자 총각은 부자의 집에 들어가 쉬기 시작했지요. 부자는 왜 우리 집에 누워 있느냐며 총각에게 따졌지만, 총각은 빙그레 웃으며 자기가 산 그늘에서 쉬는 것뿐이라고 말했어요. 부자는 아무 말도 못하고 끙끙 앓았지요. 총각은 시시때때로 부자의 집을 드나들었고, 참다못한 부자는 결국 이사를 갔어요. 그 뒤, 총각은 누구든 그 그늘에서 쉴 수 있게 해 주었지요.

No.33

똥 눌 때 보는 신문 경제

| 경제 이야기 | 01 |
미래를 위한 저금통, 국민연금

| 그림 한자 사전 | 02 |
뿔 각(角)

문해력이 저절로
최초의 인간이 태어난 순간

| LAUGH & LEARN | 03 |
오늘의 포인트 - party

도전! 사고력왕

| 똥 눌 때 보는 만화 | 04 |
노후 자금

왜 국민연금이 필요할까?

정해진 나이가 되어 은퇴를 하면 대부분의 사람들은 소득이 많이 줄어들어요. 이때를 대비해 많은 국민들이 정기적으로 일정 금액을 국가에 납부하고 있어요. 국가는 그 돈을 모아 두었다가 국민이 특정 나이가 되면 정기적으로 일정한 돈을 지급해 주는데, 이를 바로 '국민연금'이라고 해요.
만 18세 이상부터 만 60세 미만의 소득이 있는 대한민국 국민은 국민연금에 의무적으로 가입해야 하는데, 이는 국민이 나이가 들어 경제력이 없어져도 최소한의 생활을 꾸려 나갈 수 있도록 도와주기 위함이지요. 즉, 국민연금은 일하면서 소득이 있는 시기에 조금씩 돈을 모아 두었다가 나이가 많아지면 그 돈을 조금씩 돌려받는, 일종의 미래를 위한 저금통이라고 할 수 있어요. 이렇게 받는 연금은 주로 생활비나 병원비로 사용되고 있다고 해요.

경제 뭉치

① 국민연금은 소득이 있는 시기에 국가에 납부해요. (O/X)

② 국가는 최소한의 생활을 보장하기 위해 한 번에 많은 금액을 주어요. (O/X)

③ 연금을 받는 사람은 생활비나 병원비에 주로 사용해요. (O/X)

정답 | O/X/O

그림 한자 사전

角

뿔 **각**

풀이 | ①뿔 ②모, 모진 데
③겨루다, 다투다
필순 | 角 角 角 角 角 角 角

- 角度 각도 | 각의 크기
- 頭角 두각 | 특히 뛰어남

풀다 보면 논리력이 저절로

> 다음 그림을 보고 서로 알맞은 짝을 찾아보아요.

정답 | ①-⑧ ②-⑦ ③-④ ⑤-⑥ ⑨-⑤

읽다 보면 문해력이 저절로 – 명화

최초의 인간이 태어난 순간

〈아담의 창조〉는 미켈란젤로가 시스티나 성당 천장에 그린 천장화예요. 《성경》에 기록된 이야기를 그림으로 표현한 작품이지요.

왼쪽에는 《성경》 속 최초의 인간인 아담이 간절한 눈빛으로 맞은편을 바라보고 있어요. 그 눈빛에 응답하듯 천사들에 둘러싸인 하느님이 하늘을 가로질러 아담에게 손을 내밀고 있지요. 두 손가락이 맞닿는 순간 하느님의 권능으로 아담은 생명을 얻게 되는데, 그 찰나를 잘 담아낸 그림으로 유명하지요. 이때 아담과 하느님은 외적으로 비슷해 보이는데, 이는 하느님이 인간을 만들 때 자신의 모습을 본떠 만들었다는 내용을 표현한 거예요.

아담의 창조 | 570×280cm | 1508~1512년 | 바티칸 시스티나 성당

LAUGH & LEARN

Point party [파티] 파티

■ 동사의 과거형이 불규칙하게 변하는 경우

현재형	과거형		현재형	과거형
do 하다	did		go 가다	went
eat 먹다	ate		run 달리다	ran
have 가지다	had		make 만들다	made

도전! 사고력왕 – 관용어

💩 가난해서 오랫동안 굶은 상황을 이르는 말은?

 에  치다

똥 눌 때 맞춤법!

그냥 그렇게
① 됬어.
② 됐어.

똥 눌 때 보는 만화 - 노후 자금

(만화)
- ○○ 은행 / 노후 자금
- 엄마, 노후 자금이 뭐예요?
- 나중에 늙었을 때 쓰려고 모아 두는 거야.
- 아! 주섬주섬
- 이거, 제 노후 자금이니까 80세 되면 저한테 주셔야 해요~

- **노후 자금** | 나이가 들어 일할 수 없게 되었을 때를 대비해 미리 준비해 두는 돈을 말해요.
- **노령 연금** | 국민연금의 한 종류로, 대한민국 국적의 만 65세 이상 노인이 소득·재산 조건을 충족하면 지급하는 연금이에요.

똑똑해지는 경제 용어

카푸치노 효과

카페라테 효과와 비슷한 이름의 효과가 있어요. 바로 '카푸치노 효과'예요. 하지만 그 뜻은 전혀 다르답니다.
카푸치노는 커피 위에 풍성한 거품이 올려진 게 특징인데, 거품을 걷어 내고 나면 실제 커피의 양은 적어요. 이처럼 집이나 물건 등이 실제 가치보다 너무 높게 평가되는 시장에 대해 이야기할 때 카푸치노 효과라고 하지요.
이는 우리 경제에서 쉽게 찾아볼 수 있는데, 그 대표적인 예가 부동산이에요. 어떤 지역이 개발되거나 지하철이 들어온다는 등의 소식이 들리면 아파트 가격이 갑자기 올랐다가 막상 아파트를 구매하면 가격이 떨어지는 경우가 있어요. 이럴 때, 해당 아파트의 가치가 실제보다 너무 높게 평가되었다고 볼 수 있지요.

No.34

똥 눌 때 보는 신문 경제

01 경제 이야기

개를 키우면 세금을 내라고?

02 그림 한자 사전
느낄 감(感)

문해력이 저절로
소는 왜 풀만 먹고도 힘이 셀까?

03 LAUGH & LEARN
오늘의 포인트 - factory

도전! 사고력왕

04 똥 눌 때 보는 만화
세금의 종류

경제 뭉치

① 반려동물을 키우는 것은 단순히 개인의 문제예요. (O/X)

② 독일에서는 개를 많이 키울수록 세금이 줄어들어요. (O/X)

③ 세금을 거두는 데에는 정당한 이유가 필요해요. (O/X)

정답 | X/X/O

세금을 향한 뜨거운 찬반 논쟁

최근 반려동물 보유세에 대한 찬반 논쟁이 뜨거워요. 반려동물을 키우는 인구가 2,000만 명에 달하고, 관련 산업이 8조 원 규모로 성장하면서 반려동물을 키우는 것이 개인의 선택을 넘어 사회 전체에 영향을 미치는 일이 되었기 때문이에요.
실제로 반려동물 문화 선진국인 독일의 경우, 반려동물 수를 제한하기 위해 지자체에서 세금 제도를 운영하고 있어요. 개를 많이 키울수록 세금을 더 많이 내야 하지요.
만약 반려동물을 키우기 위해 세금을 내야 한다면 반려동물을 입양하는 일부터 신중해질 것이라는 찬성 의견과 세금에 대한 부담으로 반려동물을 파양하는 일이 더 많아질 거라는 반대 의견이 있어요. 또 이러한 세금 정책이 단순히 부족한 세금을 충당하기 위한 것인지, 아니면 정말 반려동물을 위한 것인지 끊임없는 논쟁도 벌어지고 있답니다.

그림 한자 사전

感
느낄 감

풀이 | ①느끼다 ②깨닫다 ③감동
필순 | 感感感感感感感感感感感感

- 感激 감격 | 마음 깊이 크게 감동함
- 感動 감동 | 깊이 느껴 마음이 움직임

풀다 보면 논리력이 저절로

💩 물음표에 들어갈 알맞은 그림을 찾아보아요.

① ② ③

① | 月段

읽다 보면 문해력이 저절로 – 호기심

소는 왜 풀만 먹고도 힘이 셀까?

소의 몸은 온통 근육으로 이루어져 있어요. 특히 다 자란 소는 근육이 아주 단단하지요. 힘도 아주 세고요. 풀만 먹는데 어떻게 이럴 수 있을까요? 그것은 바로 되새김질을 하기 때문이에요. 소의 위는 모두 4개나 되는데, 소화 과정은 다음과 같아요.

먼저 먹이를 먹으면 첫 번째 위인 '혹위'에서 약간 소화를 시킵니다. 소화되지 않은 것은 작은 모양으로 게워 내지요. 이것을 씹어서 두 번째 위인 '벌집위'로 보내면 알맞은 크기로 부수고 다시 게워 냅니다. 이것을 되새김질해 세 번째 위인 '겹주름위'로 보내고, 또 되새김질해 마지막으로 '주름위'에서 완전히 소화를 시키지요. 이 과정은 총 3일 이상 걸리는데, 소는 이런 소화 과정을 통해 음식물에 들어 있는 영양분을 모두 섭취할 수 있어요. 그래서 다른 음식을 먹지 않아도 튼튼한 거랍니다.

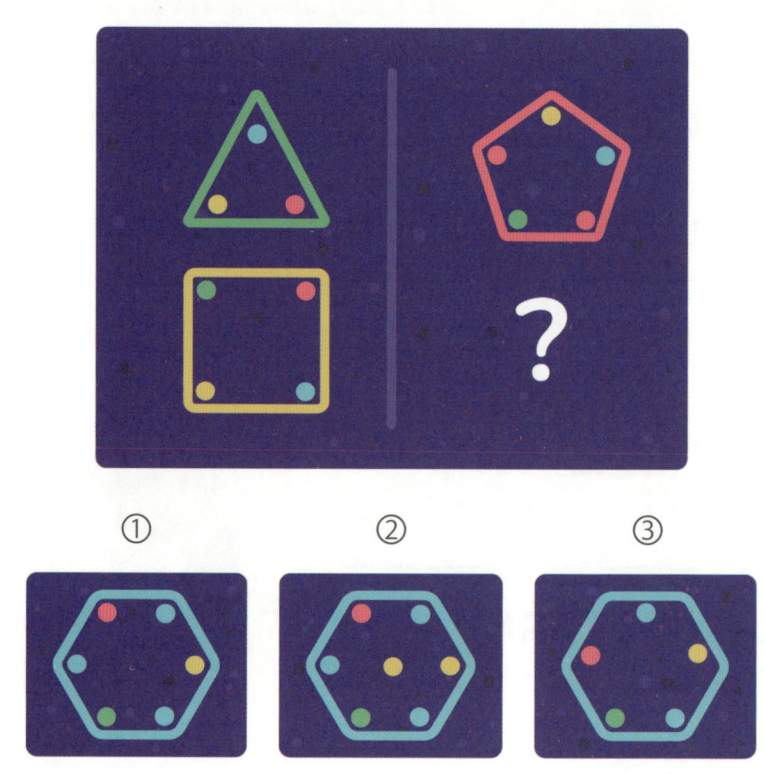

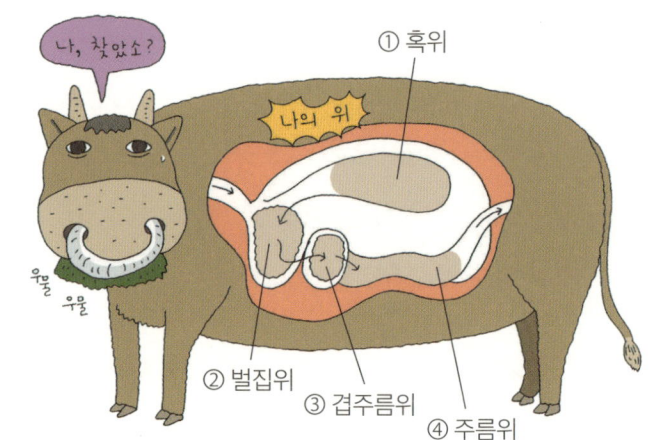

보는신문

LAUGH & LEARN

Point: factory [팩토리] 공장

■ 동사의 과거형이 불규칙하게 변하는 경우

현재형	과거형	현재형	과거형
see 보다	saw	sit 앉다	sat
find 찾다	found	say 말하다	said
come 오다	came	think 생각하다	thought

도전! 사고력왕 – 난센스

 왕이 양쪽에 있으면?

ㅇ ㅇ ㅈ ㅇ

똥 눌 때 맞춤법!

이 집은 분위기가
① 으스스해.
② 으시시해.

똥 눌 때 보는 만화 - 세금의 종류

(만화 내용)
- 구영아, 이거 알아? 러시아에서는 수염을 기르려면 수염세를 내야 했대.
- "세상에 이런 세금이 있다고?"
- 설탕세를 받는 나라도 있대. 비만, 당뇨, 고혈압 같은 병을 줄이기 위해서 말이야.
- 아, 그렇구나.
- 에스토니아에는 소가 뀌는 방귀가 지구 온난화의 원인이 된다고 해서 방귀세를 도입했대!
- 어? 그럼….
- 우리 아빠는 한국에서 태어나서 다행이네….

국민의 의무 | 우리나라에는 국민으로서 마땅히 지켜야 하는 국민의 의무가 있어요. 나라를 지키는 국방의 의무, 세금을 성실히 내는 납세의 의무, 자녀가 일정한 교육을 받게 하는 교육의 의무, 국가 경제 발전에 책임을 다하는 근로의 의무 등이 있지요.

세계 경제 위인

카네기가 토끼에게 먹이를 주는 방법

미국의 '철강왕' 앤드루 카네기는 어린 시절 매우 가난했지만 머리가 좋았어요. 어느 날, 카네기가 키우던 토끼가 새끼를 다섯 마리나 낳았어요. 하지만 토끼에게 줄 먹이가 없었지요. 곰곰이 생각하던 카네기가 한쪽에서 놀고 있는 친구들을 큰 소리로 불렀어요.
"얘들아, 이리 좀 와 봐. 토끼가 새끼를 낳았어!"
카네기는 몰려온 친구들의 이름을 따서 새끼 토끼에게 이름을 지어 주겠다고 했지요. 그러자 친구들은 뛸 듯이 기뻐했어요. 그러고는 토끼풀을 한 아름씩 뜯어다 자기 토끼에게 먹이느라 정신이 없었지요. 훗날 기업가가 된 카네기는 회사를 크게 성장시켰어요. 강철 레일을 만드는 제강소를 세울 때도 어릴 적 일을 떠올리며 아이디어를 냈어요. 철도 회사 사장의 이름을 제강소 이름에 붙인 거예요. 철도 회사 사장은 기뻐하며 카네기의 제강소에서 강철 레일을 사들였답니다.

No.35

똥 눌 때 보는 신문 경제

글 김선 그림 이혜원 펴낸 곳 삼성출판사 주소 서울시 서초구 명달로 94 전화 080-470-3000 등록 번호 제 1-276호 홈페이지 www.mylittletiger.com
이 책에 실린 글과 그림을 무단으로 복사, 복제, 배포하는 것은 저작권자의 권리를 침해하는 것입니다. ©삼성출판사

삼성출판사

| **경제 이야기** | **01** |
| 내 집 마련의 꿈 | |

그림 한자 사전	**02**
강할 강(強)	
문해력이 저절로	
낙랑 공주의 사랑	

LAUGH & LEARN	**03**
오늘의 포인트 - classroom	
도전! 사고력왕	

| **똥 눌 때 보는 만화** | **04** |
| 주택 청약 | |

경제 뭉치

① 집은 사는(living) 곳이 아니라 사는(buying) 곳이에요. (O/X)

② 내 집을 마련하기 위해서는 돈이 필요해요. (O/X)

③ 집값이 계속 오르면 서민들은 내 집 마련의 꿈을 꾸기 어려워져요. (O/X)

정답 | X/O/O

내 집 마련의 꿈

집은 사는(buying) 곳이 아니라 사는(living) 곳입니다

의식주는 사람이 생활하기 위해 필요한 기본적인 세 가지 요소를 뜻하는 말이에요. 옷과 음식, 그리고 집을 의미하지요. 이처럼 집은 모든 사람에게 꼭 필요한 공간이에요.

그러나 교통이 편리해 위치가 좋거나 새로 지은 집은 가격이 매우 비싸요. 또 특정 지역의 집값이 오르면 주변의 집값도 덩달아 오르기 때문에 '내 집 마련'은 점점 어려워지고 있어요. 몇몇 사람은 큰돈을 벌기 위해 일부러 집을 사고팔며 부동산 투기에 열을 올리기도 해요.

이러한 문제 때문에 정부에서는 집값을 안정시키기 위해 노력하고 있어요. 하지만 내 집이 있는 사람은 집값이 오르기를 바라고, 내 집이 없는 사람은 집값이 떨어지기를 바라기 때문에 집값을 안정시키는 일은 쉽지 않아요.

그림 한자 사전

強

강할 **강**

풀이 | ①강하다 ②힘쓰다 ③단단하다
필순 | 強強強強強強強強強強

• 強國 강국 | 강한 나라
• 強力 강력 | 힘이 셈

풀다 보면 논리력이 저절로

💩 물음표에 들어갈 알맞은 단어를 써 보아요.

→ **mail** 우편

→ **good** 좋은

→ **oily** 기름진

- - -

● ● ● ● → **?**

정답 | good(좋은)

읽다 보면 문해력이 저절로 – 한국사

낙랑 공주의 사랑

고구려의 대무신왕에게는 아들 호동이 있었어요. 어느 날, 호동 왕자는 주변 나라로 사냥을 갔어요. 마침 그곳을 지나던 낙랑의 왕 최리는 빼어난 외모와 사냥 실력을 갖춘 호동 왕자가 마음에 들었어요. 호동이 낙랑의 부마(왕의 사위)가 되면 낙랑과 고구려가 친해지리라 기대한 것이지요. 최리는 호동을 꾀어내 낙랑으로 데려갔어요. 호동 왕자와 낙랑 공주는 서로 첫눈에 반해 곧바로 혼인했지요.
얼마 뒤, 호동 왕자가 돌아오자 대무신왕은 고민에 빠졌어요. 낙랑을 쳐야 하는데, 낙랑에는 적의 침입을 알리는 신기한 북과 피리가 있었기 때문이에요. 고민하던 호동 왕자는 낙랑 공주에게 편지를 보냈어요. 낙랑의 북과 피리를 없애지 않으면 우리는 결코 함께할 수 없다고 말이지요. 편지를 받은 낙랑 공주는 몇 날 며칠을 고민한 끝에 결국 무기 창고로 몰래 들어가 북을 찢고 피리를 부수었어요. 얼마 뒤 고구려군이 쳐들어왔지만 낙랑은 조용했고, 결국 고구려의 공격을 받아 무너지고 말았어요. 뒤늦게 낙랑 공주가 한 일을 안 최리는 공주를 죽이고 고구려에 항복했어요.

보는 신문

LAUGH & LEARN

Point: classroom [클래스룸] 교실

- blackboard 칠판
- floor 바닥
- talk 말하다
- polish 닦다
- remember 기억하다
- only 오직 ~뿐

오잉, 나 뭐 하고 있었지?

You were playing. 너는 놀고 있었어.

너만 교실 청소를 안 하고 있었어.

I was cleaning the blackboard. 나는 칠판을 닦고 있었지.

We were polishing the floor. 우리는 바닥을 닦고 있었지.

그리고 쟤는….

Now I remember! 나 이제 다 기억나!

She was just talking! 쟤는 그냥 말만 하고 있었어!

I was the only one cleaning the classroom! 교실을 청소하고 있었던 건 오직 나뿐이었다고!

도전! 사고력왕 – 사자성어

🟤 의로운 일을 위해 목숨을 바친다는 말은?

ㅅ ㅅ ㅅ ㅇ

똥 눌 때 맞춤법!

① 있다가
② 이따가

학교 앞에서 봐!

똥 눌 때 보는 만화 – 주택 청약

💩 **주택 청약** | 일정한 요건을 갖춘 사람에게 주택을 분양받을 수 있는 자격을 주는 제도를 말해요. 참고로, '무순위 청약'이란 당첨자의 계약 포기, 부정행위 등으로 남은 주택을 다시 추첨하는 경우로 신청 절차가 간단하고 제약이 없어 경쟁률이 높아요.

똑똑해지는 경제 용어

김치 본드

'김치 본드'라는 말을 들어 본 적 있나요? 이는 한국을 의미하는 '김치'와 채권의 영어 표현인 '본드(bond)'가 합쳐진 말이에요. '채권'이란 국가나 지방 자치 단체, 은행, 회사 등이 사업에 필요한 돈을 빌리기 위해 나중에 빌린 돈과 이자를 줄 것을 약속하면서 발행하는 문서예요. 김치 본드는 우리나라에서 달러 등 외화를 마련하기 위해 기업이 발행하는 채권을 말하지요. 달러가 필요한 국내 기업에는 김치 본드가 좋은 자금 조달 수단이 돼요.

반대 개념으로는 '아리랑 본드'가 있어요. 아리랑 본드는 우리나라에서 원화를 마련하기 위해 외국 기업이나 외국인이 발행하는 채권이에요.

No.36

글 김선 그림 이혜원 펴낸곳 삼성출판사 주소 서울시 서초구 명달로 94 전화 080-470-3000 등록 번호 제 1-276호 홈페이지 www.mylittletiger.com 삼성출판사
이 책에 실린 글과 그림을 무단으로 복사, 복제, 배포하는 것은 저작권자의 권리를 침해하는 것입니다. ⓒ삼성출판사

똥 눌 때 보는 신문 경제

경제 이야기	**01**
건강을 위협하는 미세 플라스틱 	
그림 한자 사전	**02**
열 개(開)	
문해력이 저절로	
셰익스피어가 존경한 하인	
LAUGH & LEARN	**03**
오늘의 포인트 - newspaper	
도전! 사고력왕	
똥 눌 때 보는 만화	**04**
일상 속 미세 플라스틱	

건강을 위협하는 미세 플라스틱

경제 뭉치

① 미세 플라스틱이란 5mm 이상의 플라스틱 조각을 말해요. (O/X)

② 일회용 컵을 사용하면 미세 플라스틱을 줄일 수 있어요. (O/X)

③ 미세 플라스틱이 우리 몸에 쌓이면 건강에 좋지 않아요. (O/X)

정답 | O/X/X

내 몸에 차곡차곡 쌓이는 미세 플라스틱

'미세 플라스틱(microplastics)'은 5mm 이하의 아주 작은 플라스틱 조각을 말해요. 눈에 보이지 않을 정도로 작고, 우리 건강과 환경을 위협하기 때문에 주의할 필요가 있어요.

미세 플라스틱은 우리 일상 곳곳에 있어요. 특히 우리가 자주 사용하는 플라스틱 생수병, 빨대, 비닐봉지 등 플라스틱 제품이 부서지면서 작은 조각이 많이 생기지요. 이런 미세 플라스틱이 바다로 흘러 들어가면 물고기가 먹게 되고, 그 물고기가 다시 우리 식탁에 오를 수 있어요.

문제는 미세 플라스틱이 계속해서 우리 몸에 쌓이면 신체의 면역력을 떨어뜨리고, 각종 질병을 일으키는 등 건강에 치명적인 위험을 가져올 수 있다는 거예요. 앞으로 우리의 몸과 환경을 지키기 위해 모두가 일회용 플라스틱 제품 사용을 줄이고, 친환경 제품을 사용하려고 노력해야 해요.

그림 한자 사전

開

열 개

풀이 | ①열다 ②개척하다 ③시작하다
필순 | 開 開 開 開 開 開 開 開 開 開

- 開校 개교 | 학교를 새로 세워 시작함
- 開發 개발 | 개척하여 발전시킴

풀다 보면 논리력이 저절로

💩 빈칸에 들어갈 알맞은 그림을 찾아보아요.

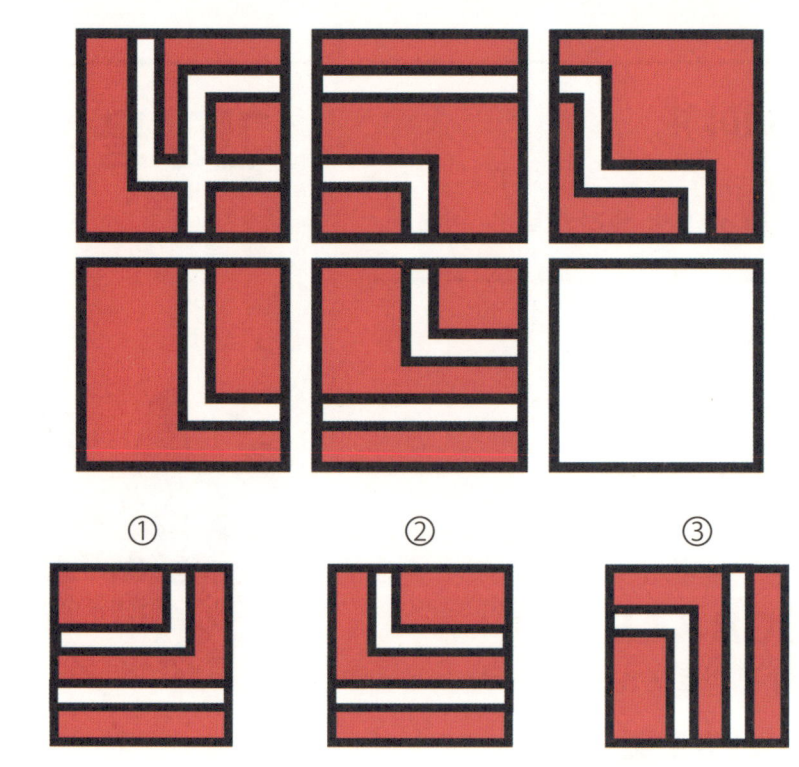

정답 | ①

읽다 보면 문해력이 저절로 - 세계사

셰익스피어가 존경한 하인

어느 날, 셰익스피어는 한 친구를 찾아갔어요. 친구는 잠시 외출 중이었지요. 친구네 하인은 거실에서 잠시 기다려 달라고 했어요. 셰익스피어가 거실로 가자, 하인은 향기로운 홍차와 읽을 책 한 권을 내왔어요. 차를 마시며 책을 읽던 셰익스피어는 차 한 잔을 더 마시고 싶어서 부엌으로 향했어요. 그때 하인이 흥얼흥얼 콧노래를 부르는 소리가 들려왔어요. 문득 궁금해진 셰익스피어는 슬그머니 부엌 안을 들여다보았어요. 그런데 하인이 부엌 양탄자를 걷어 내고 바닥을 닦고 있는 게 아니겠어요! 누가 일부러 들추어 보기 전엔 아무도 깨끗한지 더러운지 알 수 없는 그곳을 말이에요. 그 이후로 셰익스피어는 누구에게 가장 큰 영향을 받았느냐는 질문을 받을 때면 이렇게 대답했어요. "혼자 있을 때도 누가 지켜볼 때와 다름없이 행동하는 사람이지요. 그런 사람은 무슨 일을 하든 성공할 수 있습니다. 바로 내가 가장 존경하는 사람이지요."

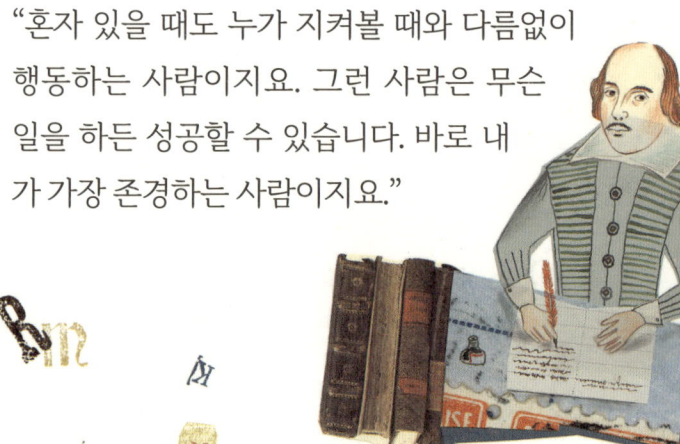

보는신문

LAUGH &LEARN

Point newspaper [뉴스페이퍼] 신문

- 동사 앞에 will이 오면 '~할 것이다'라는 의미예요. '보다'라는 뜻의 see 앞에 will을 붙여 will see라고 쓰면 '볼 것이다'라는 의미가 돼요.

★ 오늘의 별자리 운세 ★
- You will be happy.
- You will get something.
- You will meet somebody.
- You will see something.

The 100th Customer
- You will be happy. 당신은 행복할 거예요.
- You will get something. 당신은 무언가를 얻을 거예요.

- You will meet somebody. 당신은 누군가를 만날 거예요.

- You will see something. 당신은 무언가를 볼 거예요.

Newspaper
- Finally you will be sad. 결국 당신은 슬퍼질 거예요.

도전! 사고력왕 – 속담

💩 자신의 사정이 급해서 남을 도와줄 여유가 없다는 말은?

내 코가

똥 눌 때 맞춤법!

① 김치찌개가
② 김치찌게가
먹고 싶어.

똥 눌 때 보는 만화 – 일상 속 미세 플라스틱

💩 **일상 속 미세 플라스틱** | 차를 우려 마시는 티백 중 삼각 모양의 비닐 티백에서도 미세 플라스틱이 나올 수 있다고 하니, 정해진 시간 안에 우려 내고 버리는 것을 권장해요.

탈무드 속 경제 이야기

누더기를 입는 이유

어느 마을에 한 부자가 살았어요. 어느 날, 그는 허름한 옷차림으로 도시에 나갔다가 우연히 고향 친구를 만났어요.
"아니, 자네 옷이 너무 낡았구먼! 어떻게 이런 차림으로 나올 생각을 했는가?"
"어차피 이 도시에는 나를 아는 사람이 아무도 없는데, 뭐 어떤가?"
"하긴 그렇군."
며칠 뒤, 친구가 고향에 돌아와서 부자를 다시 만났어요. 그런데 그는 여전히 누더기를 입고 있었지요. 친구는 의아한 얼굴로 물었어요.
"자네는 고향에서도 이런 꼴로 다니는군. 도대체 이유가 뭔가?"
그러자 부자가 대꾸했어요.
"여기서야 내가 부자라는 걸 모르는 사람이 없는데, 어떤 옷을 입든 무슨 상관인가?"

No.37

글 김선 그림 이혜원 펴낸 곳 삼성출판사 주소 서울시 서초구 명달로 94 전화 080-470-3000 등록 번호 제 1-276호 홈페이지 www.mylittletiger.com
이 책에 실린 글과 그림을 무단으로 복사, 복제, 배포하는 것은 저작권자의 권리를 침해하는 것입니다. ⓒ삼성출판사 삼성출판사

똥 눌 때 보는 신문 경제

경제 이야기 01

얼마를 팔아야 남는 장사일까?

그림 한자 사전 02
서울 경(京)

문해력이 저절로
시곗바늘은 왜 한쪽으로만 돌까?

LAUGH & LEARN 03
오늘의 포인트 - thief

도전! 사고력왕

똥 눌 때 보는 만화 04
OTT 열풍

경제 뭉치

① 손익 분기점은 물건을 사는 사람에게 무척 중요해요. (O/X)

② 비용이 수익을 넘어서는 지점을 손익 분기점이라고 해요. (O/X)

③ 적정 가격을 결정하기 위해서는 손익 분기점을 알아야 해요. (O/X)

정답 O/X/X

얼마를 팔아야 남는 장사일까?

물건값을 결정하는 손익 분기점 계산법

물건을 팔거나 사업을 할 때 '손익 분기점'은 무척 중요한 개념이에요. 손익 분기점이란 비용과 수익이 같아지는 지점을 말해요. 예를 들어, 레모네이드를 만드는 데 1만 원의 고정 비용(생산량에 관계없이 일정하게 지출되는 비용)이 들고, 레모네이드 한 잔을 팔 때마다 1,000원의 이익이 남는다면 어떨까요? 레모네이드 열 잔을 팔아야 수익과 비용이 같아질 거예요. 이때를 바로 손익 분기점이라고 해요.

판매 이익을 얻으려면 이 손익 분기점을 반드시 넘겨야 해요. 그러기 위해서는 레모네이드 가격을 높게 정하거나, 더 많은 양의 레모네이드를 팔아야 하지요. 그러나 품질을 고려하지 않고 무조건 가격을 높게 매기면 소비자의 수요가 줄어들어 오히려 상품이 더 팔리지 않을 수도 있어요. 따라서 손익 분기점을 넘기기 위한 적정 가격을 결정하는 것은 무척 중요한 일이에요.

그림 한자 사전

서울 경

풀이 | ①서울 ②크고 높다
③수의 단위, 조의 만 배

필순 | 京京京京京京京京

• 京鄕 경향 | 서울과 시골
• 上京 상경 | 서울로 올라감

풀다 보면 논리력이 저절로

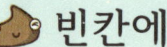 빈칸에 들어갈 알맞은 그림을 찾아보아요.

①  ②  ③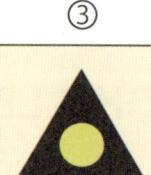

ⓒ | 君요

읽다 보면 문해력이 저절로 – 호기심

시곗바늘은 왜 한쪽으로만 돌까?

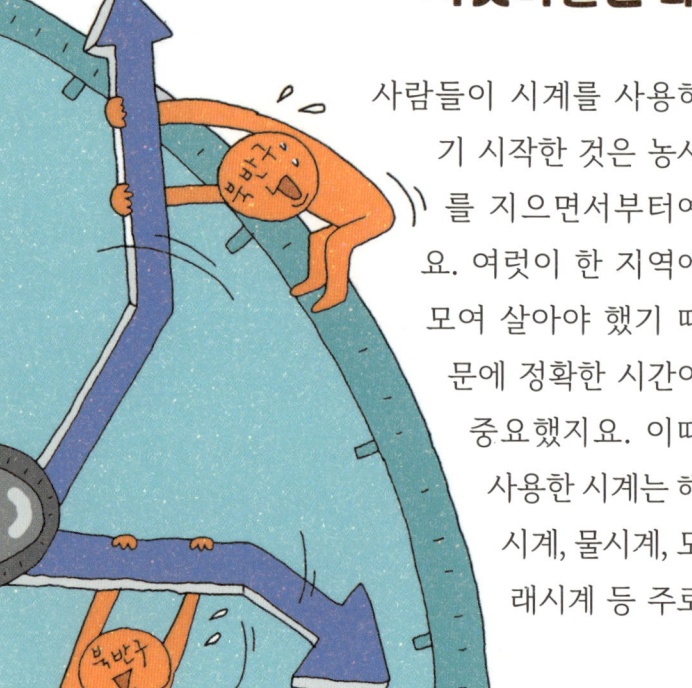

사람들이 시계를 사용하기 시작한 것은 농사를 지으면서부터예요. 여럿이 한 지역에 모여 살아야 했기 때문에 정확한 시간이 중요했지요. 이때 사용한 시계는 해시계, 물시계, 모래시계 등 주로 자연을 이용한 것들이었어요. 그러다 기계가 개발되면서 지금과 같은 시계로 발전한 것이지요.

시계를 잘 보면 모든 바늘이 오른쪽으로 돌고 있다는 사실을 알 수 있어요. 이는 해시계의 원리와 관계가 깊어요. 해시계를 처음 발명한 사람은 고대 이집트인이에요. 이집트는 북반구에 자리 잡고 있는 나라인데, 북반구의 해시계가 지금의 시계와 같은 방향으로 돌아요. 바닥에 막대기를 고정해 놓고 보면, 시간이 지남에 따라 막대기의 그림자가 왼쪽에서 오른쪽으로 돌거든요.

LAUGH & LEARN

Point: thief [띠프] 도둑

- fish 생선
- tall 키가 큰
- fat 뚱뚱한
- shop 상점, 가게
- than ~보다
- short 짧은

Who was the thief?
도둑은 도대체 누구였을까?

샘인가? 아니야!
샘은 아니었어.

He is taller than the thief.
그는 도둑보다 키가 커.

제인? 아니야!
그녀는 도둑보다 작아.

Mike? No! He is fatter than the thief.
마이크? 아니야! 그는 도둑보다 뚱뚱해.

Jenny? No! Her tail is shorter than the thief's.
제니? 아니야! 그녀의 꼬리는 도둑보다 짧아.

Tom! You were the thief!
톰! 네가 도둑이었구나!

도전! 사고력왕 – 난센스

🐾 가장 빠르게 만들 수 있는 떡은?

혁혁

| ㅎ | ㄹ | ㅂ | ㄸ |

똥 눌 때 맞춤법!

① 베게를
② 베개를
베고 자고 싶어.

똥 눌 때 보는 만화 – OTT 열풍

주말 아침
- 엄마, 아빠! 〈최고 악당〉 나왔대요! 우리 영화 보러 가요!
- 구영아, 그냥 집에서 보면 안 될까? OTT에서 볼 수 있던데….
- 안 돼요! 팝콘도 사 먹고, 영화관의 큰 화면으로 보는 게 좋단 말이에요. 얼른 가요!
- 와, 정말 우리 가족밖에 없네. 영화관을 통째로 빌린 것 같고 좋다!
- 요즘 OTT 때문에 영화관이 망했다더니…. 이래서야 영화가 개봉해도 손익 분기점도 못 넘겠네. (영화관 매니저)

💩 **OTT 서비스(Over-The-Top media service)** | 영화, TV 방영 프로그램 등 미디어 콘텐츠를 인터넷을 통해 소비자에게 제공하는 서비스를 말해요. OTT 열풍이 불면서 어디서든 보고 싶은 영상을 마음껏 볼 수 있게 되었어요. 반면, 영화관 산업은 위축되고 있답니다.

똑똑해지는 경제 용어

넛크래커

'넛크래커(nut-cracker)'란 호두를 양쪽에서 눌러서 까는 호두 까기 도구를 말해요. 한 나라가 선진국에 기술과 품질로 밀리고, 개발 도상국에 가격으로 밀리는 현상을 말할 때 사용해요. 참고로, 선진국이란 다른 나라보다 정치·경제·문화 등의 발달이 앞선 나라를 말하고, 개발 도상국이란 경제 개발이 선진국에 비해 뒤처지는 나라를 말해요. 넛크래커는 1997년 《매일경제》에서 내놓은 한국 보고서에 처음 등장한 말로, 1990년대 임금이 낮았던 중국과 첨단 기술을 지녔던 일본 사이에 끼어 힘을 쓰지 못하던 한국의 상황을 표현할 때 썼어요.

No.38

똥 눌 때 보는 신문 경제

글 김선 그림 이혜원 펴낸 곳 삼성출판사 주소 서울시 서초구 명달로 94 전화 080-470-3000 등록 번호 제 1-276호 홈페이지 www.mylittletiger.com
이 책에 실린 글과 그림을 무단으로 복사, 복제, 배포하는 것은 저작권자의 권리를 침해하는 것입니다. ©삼성출판사 삼성출판사

경제 이야기 01
1997년 외환 위기

그림 한자 사전 02
옛 고(古)

문해력이 저절로
왕자도 다 같은 왕자가 아니야!

LAUGH & LEARN 03
오늘의 포인트 - delicious

도전! 사고력왕

똥 눌 때 보는 만화 04
금 모으기 운동

경제 뭉치

① 1997년, 우리나라는 큰 경제 발전을 이루었어요. (O/X)

② IMF 덕분에 국가 부도는 막았지만 이후 힘든 시기를 겪었어요. (O/X)

③ 우리나라는 현재도 IMF에서 빌린 돈을 다 갚지 못했어요. (O/X)

정답 | X/O/X

1997년 외환 위기

IMF(국제 통화 기금, International Monetary Fund)에서 돈을 빌린 우리나라

1997년, 우리나라를 포함한 아시아 전역에 경제 위기가 발생했어요. 무리하게 돈을 빌린 기업들이 돈을 갚지 못하기 시작했거든요. 큰 회사가 망하자 그 회사에서 물건값을 받지 못한 작은 회사도 쓰러졌고, 돈을 빌려준 은행도 문을 닫게 되었지요. 그리고 다른 나라에서 빌린 돈도 갚지 못해 크나큰 위기에 빠졌어요. 결국 우리나라는 IMF에서 긴급하게 돈을 빌렸어요. 그 덕분에 간신히 국가 부도는 막았지만, 이후 우리나라는 IMF가 요구하는 조건들을 승낙해야만 했어요. 그 과정에서 많은 사람이 일자리를 잃고 힘든 생활을 했지요. 하지만 전 국민이 어려움을 이겨 내려고 발 벗고 나서서 금 모으기 운동을 하는 등 다양한 노력을 한 끝에 해외에서 예측한 것보다 훨씬 빠르게 빚을 갚을 수 있었어요.

그림 한자 사전

옛 **고**

풀이 | ①옛, 옛날 ②예스럽다 ③선인
필순 | 古 古 古 古 古

- 古宮 고궁 | 옛 궁궐
- 古物 고물 | 옛날 물건. 낡은 물건

풀다 보면 논리력이 저절로

🟤 빈칸에 들어갈 알맞은 그림을 찾아보아요.

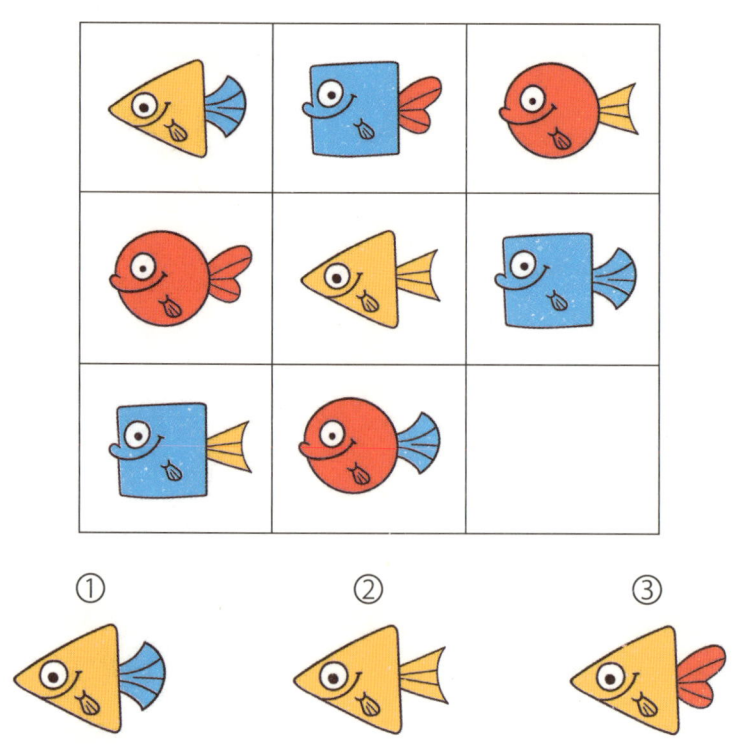

ⓒ | 君曜

읽다 보면 문해력이 저절로 - 한국사

왕자도 다 같은 왕자가 아니야!

왕자는 왕의 아들을 뜻하는 말이에요. 그런데 왕의 아들을 일컫는 칭호는 '왕자'만 있었던 게 아니에요. '원자, 세자, 태자, 대군, 군' 등 다양한 호칭이 있었지요. 이는 모두 왕의 아들을 부르는 말이지만, 엄청난 차이가 있어요.

먼저 원자는 '으뜸이 되는 아들'로, 왕비가 낳은 첫째 아들을 말해요. 세자는 '왕의 자리를 이어받을 아들'로, 왕세자를 말하지요. 왕실에서는 원자가 곧 세자가 되는 것이 원칙이었는데, 상황에 따라 원자가 아닌 동생이 세자가 되기도 하고, 왕비가 아닌 후궁의 아들이 세자가 되기도 했어요.

태자는 왕태자와 같은 말로, 세자와 마찬가지로 '왕위를 이을 아들'을 말해요. 대군은 왕비가 낳은 아들 중 세자를 제외한 아들을 부르는 말이고, 군은 후궁이 낳은 아들에게 주어지는 칭호였답니다. 이렇듯 왕자를 부르는 칭호만 봐도 왕자의 서열과 지위를 알 수 있었어요.

보는신문

LAUGH & LEARN

Point delicious [딜리셔스] 맛있는

- 형용사 앞에 more을 붙이거나 뒤에 er을 붙이면 비교급 표현이 돼요.
'맛있는'이라는 뜻의 delicious 앞에 more을 붙이면 '더 맛있는'이란 뜻이 되지요.

도전! 사고력왕 - 사자성어

💩 사람으로 산과 바다를 이룰 만큼 사람이 많다는 말은?

| ㅇ | ㅅ | ㅇ | ㅎ |

똥 눌 때 맞춤법!

① 노란색
② 노랑색
옷을 입고 싶어.

똥 눌 때 보는 만화 – 금 모으기 운동

금 모으기 운동 | IMF 외환 위기 당시 우리나라 국민이 자신의 금을 자발적으로 국가에 기부한 운동이에요. 이때 전국적으로 350만 명 이상의 국민이 참여했으며, 약 227톤의 금이 모였다고 해요.

설화 속 경제 이야기

좁쌀 한 톨로 장가간 총각

동네에 몹시 가난한 젊은이가 있었어요. 어느 날, 그는 좁쌀 한 톨을 주워 그것을 들고 한양으로 길을 떠났어요. 주막에서 하룻밤을 보내며 주인에게 좁쌀을 잘 맡아 달라고 부탁했지요. 그런데 이튿날, 생쥐 한 마리가 좁쌀을 홀랑 먹어 버렸어요. 젊은이는 그 쥐를 잡아 달라 했고, 주인은 하는 수 없이 쥐를 잡아 주었어요. 다음 주막에서 쥐를 맡겼는데 이번에는 고양이가 쥐를 잡아먹은 게 아니겠어요! 결국 젊은이는 고양이를 데리고 또 길을 떠났어요. 셋째 주막에서는 고양이가 말에 치여 말을 받고, 넷째 주막에서는 말이 황소에 들이받혀 황소를 받았지요. 마침내 한양에 이르러 정승 댁에 황소를 맡겼는데, 그 집에서 잔치라고 황소를 잡아 버린 거예요.
"제 황소를 먹은 사람을 제게 주십시오."
정승은 젊은이의 기개에 감탄하며 이런 자라면 크게 될 인물이다 싶어 그를 사위로 삼았답니다.

No.39

글 김선 그림 이혜원 펴낸 곳 삼성출판사 주소 서울시 서초구 명달로 94 전화 080-470-3000 등록 번호 제 1-276호 홈페이지 www.mylittletiger.com
이 책에 실린 글과 그림을 무단으로 복사, 복제, 배포하는 것은 저작권자의 권리를 침해하는 것입니다. ⓒ삼성출판사   삼성출판사

똥 눌 때 보는 신문 — 경제

경제 이야기 01
 13월의 월급을 받아라!

그림 한자 사전 02
높을 고(高)

문해력이 저절로
누가 얼굴을 씻을까?

LAUGH & LEARN 03
오늘의 포인트 - intelligent

도전! 사고력왕

똥 눌 때 보는 만화 04
종합 소득세

경제 뭉치

① 한 해 동안 내야 할 세금보다 더 많이 세금을 냈다면 돈을 돌려받을 수 있어요. (O/X)

② 세금은 직장인만 내는 거예요. (O/X)

③ 연말 정산을 하면 무조건 돈을 돌려받아요. (O/X)

X/X/O | 정답

13월의 월급을 받아라!

연말 정산만 잘하면 '돈' 되는 정보가 한가득!

직장인은 매달 세금을 떼고 월급을 받아요. 그래서 연말에는 1년 동안 낸 세금과 실제로 내야 할 세금을 비교하는데, 이것을 '연말 정산'이라고 해요. 만약 한 해 동안 실제 내야 하는 세금보다 더 많은 세금을 냈다면 더 낸 만큼 돈을 돌려받아요. 이것을 '13월의 월급'이라고 불러요.

그러나 모든 사람이 돈을 돌려받는 것은 아니에요. 소득에 비해 소비를 적게 하거나 세금에서 제외되는 항목들을 잘 챙기지 못하면 연말 정산에서 오히려 세금을 더 내야 하는 경우도 있어요. 그래서 사람들은 의료비와 교육비, 기부금처럼 세금에서 빼 주는 일부 항목의 영수증을 잘 모아서 내야 할 세금을 줄일 수 있도록 노력하지요.

사실 세금은 우리 친구들도 이미 내고 있어요. 매일 사 먹는 과자나 아이스크림, 입고 있는 옷 등에도 모두 세금이 포함되어 있답니다.

그림 한자 사전

높을 **고**

풀이 | ①높다 ②비싸다 ③뛰어나다
필순 | 高高高高高高高高高高

- 高價 고가 | 비싼 값
- 高級 고급 | 품질이나 수준이 높음

풀다 보면 논리력이 저절로

🟤 물음표에 들어갈 알맞은 그림을 찾아보아요.

① ② ③

읽다 보면 문해력이 저절로 – 탈무드

누가 얼굴을 씻을까?

랍비가 제자들에게 물었습니다.
"두 아이가 굴뚝 청소를 했는데, 한 아이는 얼굴에 새카만 검댕이 묻었고, 다른 아이는 얼굴에 그을음 하나 없이 깨끗한 채로 나왔다네. 그 두 아이 중 누가 얼굴을 씻을 거라고 생각하는가?"
"물론 얼굴에 검댕이 묻은 아이겠지요."
제자들의 대답에 랍비는 고개를 저었어요.
"그렇지 않다네. 검댕이 묻은 아이는 깨끗한 얼굴의 아이를 보고 자기 얼굴도 깨끗할 거라 생각할 거네. 하지만 깨끗한 얼굴의 아이는 검댕이 묻은 아이의 얼굴을 보고 자기 얼굴도 더럽다 생각해 얼굴을 씻을 것일세."
랍비가 제자들에게 다시 물었어요.
"자, 다시 묻겠네. 자네들은 이제 어떻게 대답하겠는가?"
"그야 물론 깨끗한 아이가 얼굴을 씻겠지요."
랍비는 이번에도 고개를 가로저었어요.
"탈무드를 공부한 학생이라면 그렇게 생각해선 안 되네. 두 아이가 함께 굴뚝을 청소했다면 한 아이한테만 검댕이 묻는 일은 없지 않겠는가?"

LAUGH &LEARN

Point
intelligent
[인텔리전트]
똑똑한

- 형용사 앞에 most를 붙이거나 뒤에 est를 붙이면 최상급 표현이 돼요.
'똑똑한'이라는 뜻의 intelligent 앞에 most를 붙이면 '가장 똑똑한'이라는 뜻이 되지요.

내 동생은 자기 반에서 키가 가장 커.

My brother is the fastest boy in his class.
우리 오빠는 자기 반에서 가장 빨라.

내 남자 친구는 자기 반에서 힘이 가장 세.

My little brother is the most intelligent boy in his class.
내 동생은 자기 반에서 가장 똑똑해.

My boyfriend is….
내 남자 친구는….

아, 그는 자기 반에서 가장 먹보야.

도전! 사고력왕 – 관용어

💩 힘든 일을 겪어 얼굴이 몹시 수척해짐을 이르는 말은?

ㅇㄱ 이 ㅂㅉ 이 되다

똥 눌 때 맞춤법!

① 안밖으로
② 안팎으로
사람이 많다.

똥 눌 때 보는 만화 - 종합 소득세

💩 **종합 소득세** | 납세자(세금을 낼 의무가 있는 사람)의 모든 소득을 합쳐 매기는 세금을 말해요. 종합 소득세 신고 대상은 작년 한 해 동안 소득이 있는 사람이에요. 구영이는 일해서 돈을 벌거나 은행에서 이자를 받거나 하지 않았기 때문에 세금을 낼 필요가 없어요.

똑똑해지는 경제 용어

공유지의 비극

'공유지의 비극'이란 말을 들어 본 적 있나요? 개인과 공공의 이익이 서로 맞지 않을 때, 개인이 자신의 이익만 생각하면 결국 모두가 나쁜 상황에 처한다는 이론이에요. 1968년, 생물학자 개릿 하딘이 과학 저널 《사이언스》를 통해 발표한 개념이지요.

예를 들어, 주인이 없는 목초지가 있다고 생각해 보세요. 사람들은 자신의 소에게 공짜로 풀을 먹이기 위해 모두 이곳으로 소를 데려올 거예요. 그럼 얼마 못 가 목초지는 점점 황폐해져 모두가 손해를 보게 될 거라는 이야기예요. 이처럼 공기, 물, 숲, 산 등 소유가 명확하지 않은 자원을 아무런 제재 없이 마구 사용할 경우 자원은 파괴되고, 금방 고갈되고 말 거예요.

No.40
똥 눌 때 보는 신문 경제

경제 이야기 01

K-푸드 수출액 역대 최고 기록

그림 한자 사전 02
아홉 구(九)

문해력이 저절로
여성에게 바지를 입힌 샤넬

LAUGH & LEARN 03
오늘의 포인트 - how

도전! 사고력왕

똥 눌 때 보는 만화 04
무역 거래

K-푸드 수출액 역대 최고 기록

경제 뭉치

① 국가 간 거래에는 수입과 수출이 있어요. (O/X)

② 우리나라는 석유를 수출하고 자동차를 수입해요. (O/X)

③ K-푸드의 수출액이 계속해서 줄어들고 있어요. (O/X)

X/X/O | 답정

국가 간 거래, 수출과 수입

각 나라는 필요한 자원이 있으면 서로 거래를 해요. '수입'과 '수출'은 이런 국가 간의 거래를 말해요. 수입은 다른 나라에서 상품이나 기술을 사오는 것이고, 수출은 국내 상품이나 기술을 외국에 파는 거예요.
예를 들어, 우리나라는 석유를 수입하고 자동차와 반도체 같은 전자 제품을 수출해요. 수출이 많아지면 나라의 경제가 좋아져요. 제품을 수출하기 위해 공장을 더 많이 짓고 일자리가 더 늘어나면서 회사와 나라에 돈이 쌓이기 때문이에요.
지난 2024년에는 우리나라 농식품(K-푸드)의 수출이 점점 늘어나 역대 최고 금액을 기록했어요. K-푸드는 'Korean Food'의 줄임말로, 김치·불고기·비빔밥·떡볶이·라면 등 특색 있는 우리 음식을 말해요. K-푸드가 태국, 베트남, 필리핀, 미국, 중국, 일본 등 전 세계로 수출되면서 효자 노릇을 톡톡히 하고 있답니다.

그림 한자 사전

아홉 **구**

풀이 | ①아홉 ②수효가 많음
필순 | 九 九

- 九九段 구구단 | 곱셈에 쓰는 셈법
- 九泉 구천 | 저승

풀다 보면 논리력이 저절로

💩 다음 그림을 보고 알맞은 모양을 찾아보아요.

정답 | ③

읽다 보면 문해력이 저절로 – 세계사

여성에게 바지를 입힌 샤넬

코코 샤넬은 옷감을 사러 시내에 나갔다가 여자들이 치렁치렁한 드레스를 입고 다니는 걸 보았어요. 드레스 안에 꽉 끼는 코르셋을 입었는지 숨을 쉬기도 힘들어 보였지요. 샤넬은 왜 무겁고 불편한 드레스를 입어야 하는지 의문이 들었어요. 그때 한쪽에서 바지를 입은 한 남자가 말을 타고 오는 게 보였어요.
'그래, 바로 저거야!'
샤넬은 그길로 달려가 여자도 입을 수 있는 예쁘고 편한 바지를 만들어 팔기 시작했어요. 날마다 불편한 드레스를 입던 여자들은 환호했어요. 이후 샤넬은 치렁치렁한 치마를 잘라 짧은 치마도 만들었어요. 그러자 체면을 중요시하던 귀족들은 여자가 다리를 내놓은 모습을 보고 깜짝 놀라며 펄펄 뛰었지요. 하지만 샤넬은 아랑곳하지 않았고, 샤넬의 옷은 마침내 유럽 전역으로 퍼져 나갔답니다.

보는신문

LAUGH & LEARN

Point: how [하우] 얼마나

- magic 마법, 마술
- tall 높은
- long 긴
- rabbit 토끼
- building 건물
- snake 뱀

Abracadabra, big rabbit!
수리수리마수리, 큰 토끼 나와라!

Big? How big?
크다고? 얼마나 큰데?

얼마나 커야 돼?

Abracadabra, tall building!
수리수리마수리, 높은 건물 나와라!

얼마나 높아야 돼?

Abracadabra, long snake!
수리수리마수리, 긴 뱀 나와라!

How long?
얼마나 길어야 돼?
글쎄, 한 1m?

Here is the 1-meter-long snake!
여기 1m 뱀 대령이오!

도전! 사고력왕 - 난센스

형을 엄청 좋아하는 동생을 이르는 말은?

| ㅎ | ㄱ | ㅍ |

똥 눌 때 맞춤법!

① 하마터면
② 하마트면

큰일 날 뻔했어!

똥 눌 때 보는 만화 – 무역 거래

- **무역** | 나라와 나라 사이에 물품을 사고파는 일을 말해요.
- **관세** | 수출하거나 수입하는 물품에 대해 부과하는 세금으로, 현재 우리나라는 수입 물품에만 세금을 부과하고 있어요.

세계 경제 위인

가장 싼 호텔에 묵은 헨리 포드

"이 도시에서 가장 숙박비가 싼 호텔이 어디입니까?" 헨리 포드는 공항 안내소 직원에게 물었어요. 그러자 직원은 무척 의아해했어요. 바로 전날, 미국의 자동차 회사 포드를 세워 '자동차왕'으로 불리는 세계적 갑부 헨리 포드가 온다는 기사를 신문에서 읽었거든요. 그런 갑부가 낡은 코트를 입고 값싼 호텔을 찾자 놀랄 수밖에요. 궁금했던 직원이 물었어요.

"당신은 아주 낡은 코트를 입고 제일 값싼 호텔을 찾으시네요. 언젠가 당신 아들이 이곳에 왔을 때 그는 값비싼 옷을 입고 최고급 호텔을 찾았는데요."

그러자 헨리 포드는 웃으며 말했어요.

"내 아들은 아직 어려서 자기가 값싼 호텔에 묵으면 사람들이 어떻게 생각할까 두려워하는 겁니다. 하지만 나는 값싼 호텔에 묵든 비싼 호텔에 묵든 여전히 헨리 포드입니다. 그리고 이 코트는 아버지께서 물려주신 것으로, 나는 새 옷이 필요 없습니다. 어떤 옷을 입든 나는 헨리 포드니까요."

No.41

똥 눌 때 보는 신문 — 경제

글 김선 그림 이혜원 펴낸 곳 삼성출판사 주소 서울시 서초구 명달로 94 전화 080-470-3000 등록 번호 제 1-276호 홈페이지 www.mylittletiger.com
이 책에 실린 글과 그림을 무단으로 복사, 복제, 배포하는 것은 저작권자의 권리를 침해하는 것입니다. ⓒ삼성출판사

삼성출판사

경제 이야기   **01**

우리끼리 자유롭게 무역하면 어때?

그림 한자 사전   **02**
뿌리 근(根)

문해력이 저절로
단 한 번의 기회

LAUGH & LEARN   **03**
오늘의 포인트 - lollipop

도전! 사고력왕

똥 눌 때 보는 만화   **04**
면세점

우리끼리 자유롭게 무역하면 어때?

관세 없는 자유로운 무역

'무역'이란 서로 간에 물건을 사고파는 일을 말해요. 나라끼리 무역을 할 때는 '관세'라는 세금을 매겨요. 자기 나라에서 물건을 팔면 그에 대한 세금을 내라는 뜻이지요. 그런데 FTA(자유 무역 협정)를 맺으면 관세 없이 자유롭게 무역할 수 있어요. 자유 무역이 이루어지면 좋은 물건과 서비스를 보다 저렴한 가격에 사고 누릴 수 있어요.

물건뿐만 아니라 해외 대학에서 교육받거나, 외국 기업이 투자하는 등 세금이 사라지는 만큼 교류의 폭이 넓어지지요.

그러나 이렇게 무역이 개방되면 우리나라에 있는 경쟁력이 약한 물건과 산업은 피해를 볼 수도 있어요. 그래서 정부는 모든 부분을 개방하는 것이 아니라, 우리나라에 이익을 가져올 수 있는 산업에 대해서만 자유 무역 협정을 맺고 조금씩 무역 범위를 늘려 가고 있어요.

경제 뭉치

① 관세는 나라끼리 매기는 세금을 말해요. (O/X)

② 자유 무역을 하면 외국의 좋은 물건을 싸게 살 수 있어요. (O/X)

③ FTA는 모든 산업에 긍정적인 영향을 줘요. (O/X)

정답 | X/O/O

그림 한자 사전

根

뿌리 근

풀이 | ①뿌리 ②근본 ③밑
필순 | 根 根 根 根 根 根 根 根 根 根

- 根本 근본 | 사물의 본바탕
- 根性 근성 | 근본적 성질

풀다 보면 논리력이 저절로

 빈칸에 들어갈 알맞은 그림을 찾아보아요.

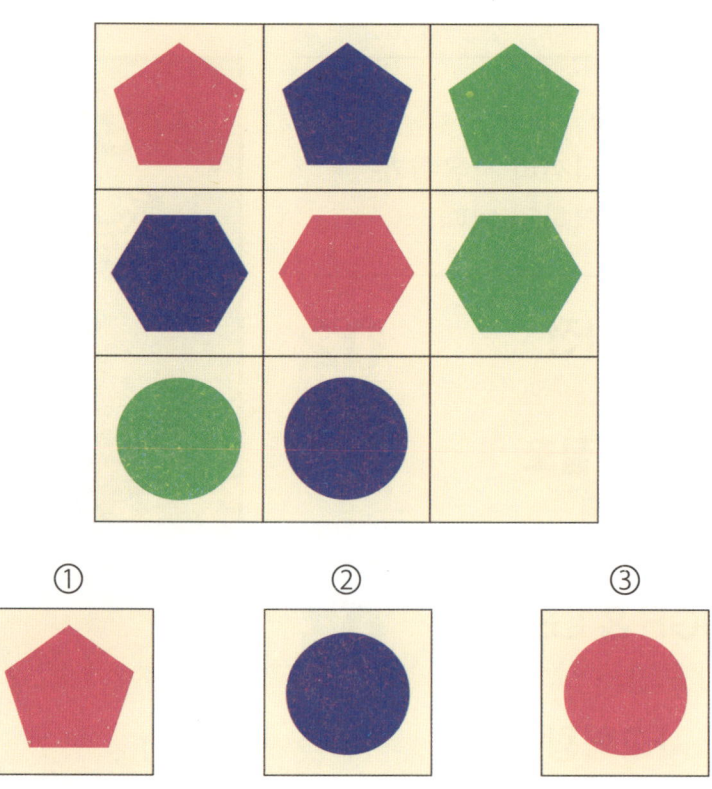

ⓒ | 君요

읽다 보면 문해력이 저절로 - 세계 문화유산

단 한 번의 기회

"세계를 바라볼 기회가 단 한 번밖에 주어지지 않는다면 이스탄불을 보아야 하리."
프랑스의 한 시인은 이렇게 말했어요. 그렇다면 이스탄불은 어떤 도시일까요? 첫째, 이스탄불은 동양과 서양의 교차로예요. 오랜 세월 동안 수많은 사람이 이곳을 오고 갔어요. 보스포루스 해협을 사이에 두고 왼쪽은 유럽에, 오른쪽은 아시아에 걸쳐 있기 때문이에요.
둘째, 이스탄불은 역사의 현장이에요. 로마 제국·비잔틴 제국·라틴 제국·오스만 제국의 수도였던 이곳에서는 역사에 길이 남을 중요한 사건들이 펼쳐졌어요.
셋째, 이스탄불은 귀중한 문화유산으로 가득해요. 콘스탄티노플 성벽, 히포드롬 광장 등이 있지요. 특히 성 소피아 성당은 이스탄불에서 꼭 봐야 할 건물로, 비잔틴 건축을 대표해요. 예전의 찬란함은 빛바랬지만, 여전히 그 예술적 가치는 빛나고 있어요.

성 소피아 성당

LAUGH & LEARN

Point: lollipop [롤리팝] 막대 사탕

- many (개수가) 많은
- a few 몇 개의
- fork 포크
- spoon 숟가락
- cup 컵
- get 받다, 얻다

I have many spoons.
난 숟가락을 많이 가지고 있어.
We have a few spoons.
우리는 숟가락을 몇 개 가지고 있어.

I have many cups.
나는 컵을 많이 가지고 있어.
10개!
얼마나 많이 가지고 있어?

I have many forks.
나는 포크를 많이 가지고 있어.
6개!
얼마나 많이 가지고 있어?

Where did you get the lollipops?
너네 그 막대 사탕 어디서 났니?

도전! 사고력왕 – 사자성어

💩 술에 취해 큰 소리로 떠들거나 노래를 부른다는 말은?

| ㄱ | ㅅ | ㅂ | ㄱ |

똥 눌 때 맞춤법!

① 별의별
② 별에별

사람들이 다 모였네.

똥 눌 때 보는 만화 - 면세점

💩 **직구** | '직접 구매'의 줄임말로 유통 업체를 통하지 않고 물건을 구매하는 방식을 말해요. 주로 해외 제품을 구매할 때 이용해요.

💩 **면세점** | 여행자가 편리하게 물품을 살 수 있도록 공항에 마련된 상점으로, 세금이 면제되어 가격이 저렴해요.

똑똑해지는 경제 용어

블루 오션과 레드 오션

'블루 오션'이란 아직 아무도 선점하지 못한 넓고 깊은 잠재력을 지닌 시장을 비유하는 말이에요. 고기를 많이 잡을 수 있는 넓고 푸른 바다처럼 그곳에서 마음껏 제품을 팔 수 있다는 거예요. 바다에 빠진다는 것은 아무리 노력해도 살아남기 힘들 만큼 무모하다고 볼 수도 있지만, 반대로 엄청난 고기 떼가 몰려다니고 있어 쉽게 고기를 잡을 수 있다고도 볼 수 있어요.

블루 오션의 반대 개념으로는 '레드 오션'이 있어요. 피로 물든 붉은 바다로, 시장에서 경쟁이 너무 심해 승자는 없고 모두 피만 흘릴 수도 있다는 뜻이에요. 그래서 레드 오션을 '출혈 경쟁 시장'이라고도 해요. 비슷비슷한 상품들이 각각 가격과 서비스를 가지고 서로 끊임없이 경쟁해야 하기 때문이지요.

No.42
똥 눌 때 보는 신문 경제

글 김선 그림 이혜원 펴낸 곳 삼성출판사 주소 서울시 서초구 명달로 94 전화 080-470-3000 등록 번호 제 1-276호 홈페이지 www.mylittletiger.com
이 책에 실린 글과 그림을 무단으로 복사, 복제, 배포하는 것은 저작권자의 권리를 침해하는 것입니다. ⓒ삼성출판사 삼성출판사

경제 이야기 01

GDP가 무엇일까?

그림 한자 사전 02
급할 급(急)

문해력이 저절로
보통 사람들을 그려요

LAUGH & LEARN 03
오늘의 포인트 - soup

도전! 사고력왕

똥 눌 때 보는 만화 04
GNP(국민 총생산)

경제 뭉치

① GDP란 국외 총생산을 말해요. (O/X)

② GDP가 낮으면 그 나라는 경제적으로 힘든 상황일지 몰라요. (O/X)

③ 우리나라의 GDP 성장은 전 세계적으로 대단한 사례예요. (O/X)

정답 | X/O/O

대한민국의 GDP 성장

'GDP(Gross Domestic Product)'란 국내 총생산의 약자로, 나라에서 가계·기업·정부 등 모든 경제 주체가 생산해 낸 재화 및 서비스 가치를 모두 합친 것을 말해요. GDP가 높으면 그 나라의 경제 규모가 크다는 것을 알 수 있어요. 반대로 GDP가 낮으면 그 나라는 경제적으로 어려운 상황일 수 있지요.

우리나라의 경우 1974년과 비교해 약 50년 만에 GDP는 85배, 수출은 153배 증가하는 성장을 이루어 냈어요. 일자리 또한 약 1,706만 개 늘었다고 해요. 이는 다른 나라의 지배를 받고, 전쟁을 겪은 나라로는 상상하기 어려울 정도의 아주 높은 경제 성장률이에요. 이 수치를 보고 다른 나라 경제학자들도 놀라워했답니다.

이렇게 온 국민이 성실하게 일하고 열심히 공부한 덕분에 우리나라는 내로라하는 세계적 기업과 산업 구조를 갖추게 되었어요.

그림 한자 사전

급할 **급**

풀이 | ①급하다, 서두르다 ②빠르다 ③중요하다

필순 | 急急急急急急急急急

- 急流 급류 | 빠르게 흐르는 물
- 急所 급소 | 가장 중요한 곳

풀다 보면 논리력이 저절로

💩 물음표에 들어갈 알맞은 단어를 써 보아요.

정답 | draw(그리다)

읽다 보면 문해력이 저절로 - 명화

보통 사람들을 그려요

밀레의 대표작 중 하나인 〈이삭 줍는 사람들〉은 수확이 끝난 들판에서 떨어진 이삭을 줍는 세 여인을 그린 작품이에요. 넓게 펼쳐진 황금빛 들판과 수확한 밀을 가득 실은 마차가 평화로운 분위기를 잘 나타내고 있지요. 여인들이 줍고 있는 이삭은 추수하는 과정에서 떨어진 낟알을 뜻해요. 땅에 떨어진 작은 이삭도 소중히 여기는 농부의 모습이 경건하게 느껴지기도 하지요.

이처럼 밀레는 농부들의 소박한 삶을 따뜻한 시선으로 그려 낸 화가로 유명해요. 그는 보통의 사람들이 보내는 하루가 가장 신성하고 아름답다고 생각했답니다.

이삭 줍는 사람들 | 83x111cm | 1857년 | 파리 오르세 미술관

LAUGH & LEARN

Point: soup [수프] 수프

- much (양이) 많은
- sugar 설탕
- a little 약간의
- pepper 후추

Fish soup….
생선 수프….

How much sugar do I need?
설탕을 얼마나 넣어야 할까?

A little sugar.
설탕은 약간만.

후추는 얼마나 넣어야 할까?

Not too much pepper.
후추는 너무 많지 않게.

A little salt, not too much water.
소금은 약간만, 물은 너무 많지 않게.

톰, 지금 뭐 하는 거야!

도전! 사고력왕 – 속담

있지도 않으면서 무언가 있는 척하는 행동을 이르는 말은?

ㄴ ㅅ 먹고 이 쑤시기

똥 눌 때 맞춤법!

호박이
① 덩쿨째
② 넝쿨째
굴러오네.

똥 눌 때 보는 만화 - GNP(국민 총생산)

- GNP(국민 총생산, Gross National Product) | 한 나라의 국민이 일정 기간 동안 생산한 재화와 서비스를 모두 합한 금액이에요.
- 연봉 | 1년 동안 받는 봉급의 총액을 말해요.

탈무드 속 경제 이야기

유능한 사기꾼

한 유대인이 경찰서에 와서 호소했어요.
"어떤 사기꾼이 우리 회사의 수금 사원이라며 속이고 다니면서 회사의 거래처 이곳저곳에서 10만 프랑이나 되는 돈을 받아 도망쳤습니다. 10만 프랑이면 우리 수금 사원 10명이 뛰어다녀도 좀처럼 거둬들이기 어려운 큰돈입니다. 하루빨리 그 사람을 잡아 주십시오."
그러자 경찰관이 친절하게 말했어요.
"네, 염려 마십시오. 그 사기꾼을 꼭 잡아서 벌을 받게 하고, 감옥에 넣도록 하겠습니다."
그러자 유대인이 펄쩍 뛰며 외쳤어요.
"아뇨, 감옥에 넣다니요! 그건 절대 안 될 말입니다. 나는 그 유능한 사람을 우리 회사의 수금 사원으로 채용할 생각이거든요. 그러니 빨리 찾아 주세요."

No.43

똥 눌 때 보는 신문 경제

| 경제 이야기 | 01 |
인류의 커다란 변화, 산업 혁명

| 그림 한자 사전 | 02 |
짧을 단(短)

문해력이 저절로
거짓말은 어떻게 알까?

| LAUGH & LEARN | 03 |
오늘의 포인트 - borrow

도전! 사고력왕

| 똥 눌 때 보는 만화 | 04 |
디지털 혁명

경제 뭉치

① 18세기 무렵 프랑스에서 시작된 기술 혁신을 1차 산업 혁명이라고 해요. (O/X)

② 증기 기관과 방적기로 대량 생산이 가능해졌어요. (O/X)

③ 산업 혁명으로 산업 중심 사회는 농업 중심 사회로 변했어요. (O/X)

X/O/X | 뭉답

인류의 커다란 변화, 산업 혁명

농촌에서 도시로 이주 시작

산업 혁명 이전의 사람들은 대부분 농업에 의존하고 손으로 물건을 만들며 살았어요. 18세기 영국에서 시작된 기술 혁신은 인류의 문명을 크게 바꾸어 놓았지요. 이것을 '1차 산업 혁명'이라고 해요.

토머스 뉴커먼이 발명한 증기 기관(증기로 기계를 움직이는 기관으로, 주로 기차의 엔진으로 사용됨)과 제임스 하그리브스가 개발한 방적기(실을 만드는 기계)는 더 이상 사람의 노동력 없이 기계로만 대량 생산을 할 수 있게 만들었지요.

이 때문에 많은 사람이 일자리를 잃었고, 이들은 새로운 일자리를 찾아 농촌에서 도시로 이주했어요. 농업 중심 사회에서 산업 중심 사회로 바뀌면서 기술은 계속 개발되었고, 2차 산업 혁명, 3차 산업 혁명 등을 거치며 발전된 과학 기술과 정보 통신 기술은 우리의 생활 방식을 크게 바꾸어 놓았어요.

2

그림 한자 사전

短

짧을 단

풀이 | ①짧다 ②모자라다 ③결점
필순 | 短短短短短短短短短短短短

- 短期 단기 | 짧은 기간
- 短身 단신 | 키가 작은 몸

풀다 보면 논리력이 저절로

🗯 빈칸에 들어갈 알맞은 모양을 찾아보아요.

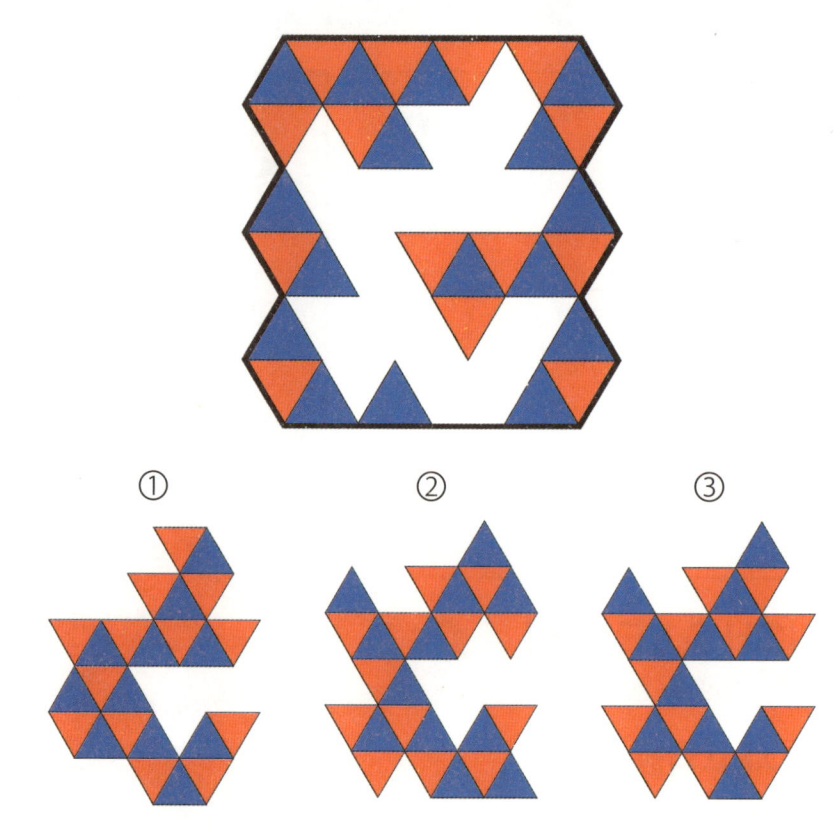

읽다 보면 문해력이 저절로 - 호기심

거짓말은 어떻게 알까?

거짓말이란 자기가 알고 있는 것과 다르게 말을 꾸며 내는 것을 말해요. 거짓말을 할 때에는 얼굴이 붉어지거나 땀이 나고, 가슴이 두근거리는 등 신체 반응이 나타나지요. 사실 거짓말이 들통날까 봐 마음속으로 걱정하고 있기 때문이에요. 이와 같은 반응들을 정밀하게 기록하는 장치가 바로 '거짓말 탐지기'예요.

거짓말을 알아내는 방법은 다음과 같아요. 조사받을 사람을 의자에 앉힌 후 호흡 변화 측정기, 혈압 및 심장 박동수 측정기 등을 몸에 연결해요. 그다음 수사관이 범죄와 관계 있는 질문을 던집니다.

예를 들어 "네가 한 짓이지?"라고 하면, 조사받는 사람은 '네' 또는 '아니요'로 대답할 거예요. 그런데 만약 거짓으로 대답한다면 혈압이나 심장 박동, 호흡 등이 보통 때와는 달라지겠죠? 즉, 거짓말하고 있다는 사실을 몸으로 보여 주는 셈이지요.

LAUGH & LEARN

borrow [바로우] 빌리다

- polite 예의 바른, 공손한, 정중한
- must 반드시 ~해야 한다
- may ~할지도 모른다

오늘 오빠 티셔츠 입어도 돼?

You should be polite.
공손하게 부탁해야지.

Can I borrow your T-shirt?
내가 오빠의 티셔츠를 빌릴 수 있을까요?

You must be more polite.
좀 더 공손하게 해야지.

오빠의 티셔츠를 빌려 입을 수 있을까요? 제발!

Oh, I'm sorry.
I may wear it today.
오, 미안. 내가 오늘 입을지도 몰라서.

도전! 사고력왕 - 난센스

💩 우리나라에서 싸움을 가장 잘하는 오리는?

| ㅇ | ㅈ | ㅁ | ㄷ |

똥 눌 때 맞춤법!

둘이 하는 걸 보면
① 도찐개찐이야.
② 도긴개긴이야.

똥 눌 때 보는 만화 – 디지털 혁명

> **디지털 혁명** | 정보 통신과 디지털 기술이 발달함으로써 일어난 사회의 큰 변화를 말해요. 1950년대 후반에서 1970년대 후반에 걸쳐 컴퓨터의 발명과 함께 정보들이 아날로그 형식에서 디지털 형식으로 바뀌었어요.

똑똑해지는 경제 용어

엥겔 계수

"이번 달 우리 집 엥겔 계수가 너무 높았어!"
여기서 '엥겔 계수'란 무엇일까요? 엥겔 계수는 일정 기간 가계의 소비 지출 총액에서 식료품비가 차지하는 비율을 말해요. 엥겔 계수를 보면 가계의 생활 수준을 가늠할 수 있지요. 가계 소득이 올라도 필수 소비 품목인 식료품의 소비량은 크게 늘어나지 않아요. 이를 통해 식료품비는 소득에 비례해 늘어나지 않으며, 소득이 오를수록 엥겔 계수가 낮아진다는 사실을 알 수 있어요.

독일의 통계학자 엥겔은 엥겔 계수가 25% 이하면 상류층, 70% 이상이면 극빈층이라고 정의했어요. 하지만 그 당시에는 외식비나 식료품의 가격 상승을 고려하지 않았기 때문에 현재 가계의 생활 수준을 가늠하는 데 활용하기에는 다소 무리가 있어요.

똥 눌 때 보는 신문

No.44

경제

목차

경제 이야기 01
김천에서 쏘아 올린 김밥 축제

그림 한자 사전 02
집 당(堂)

문해력이 저절로
공주와 옹주, 뭐가 다를까?

LAUGH & LEARN 03
오늘의 포인트 - well

도전! 사고력왕

똥 눌 때 보는 만화 04
지역 상품

경제 뭉치

① 로코노미란 지역과 경제가 합쳐진 단어예요. (O/X)

② 지역의 특산물은 지역 경제를 활성화시킬 수 있어요. (O/X)

③ 지역 축제는 지역 경제 활성화에 도움이 되지 않아요. (O/X)

정답 | X/O/O

김천에서 쏘아 올린 김밥 축제

김밥 축제 진행한 김천의 행복한 비명

'지역(local)'과 '경제(economy)'가 합쳐진 말인 '로코노미(loconomy)'는 지역 사회를 중심으로 소비 생활이 이루어지는 것을 말해요. 지역의 유명한 과일, 음식, 특산물 등을 사고팔며 지역 고유의 가치를 알리는 것이지요.

최근에는 소극적 판매에서 벗어나 지역 축제와 연계해 지역 경제를 활성화시키고 있어요. 축제에 참여하는 사람들이 지역의 특산물을 많이 구매하면서 일자리가 늘어나고, 경제도 좋아졌지요.

2024년에는 지역 이름보다 김밥 가게 이름으로 더 유명한 김천에서 김밥 축제를 열었어요. 김천은 인구 13만 명의 도시인데, 축제 기간 동안 약 10만 명의 사람이 지역을 방문했어요. 한꺼번에 많은 사람이 몰리며 김밥을 먹지 못한 사람도 있었지요. 축제는 인기리에 마무리되어, 성공적인 지역 축제로 상을 받기도 했어요.

그림 한자 사전

집 **당**

풀이 | ①집 ②마루 ③당당하다
필순 | 堂堂堂堂堂堂堂堂堂堂堂

• 講堂 강당 | 강연 등에 쓰이는 건물
• 堂堂 당당 | 매우 의젓하고 떳떳함

풀다 보면 논리력이 저절로

물음표에 들어갈 알맞은 모양을 각각 찾아보아요.

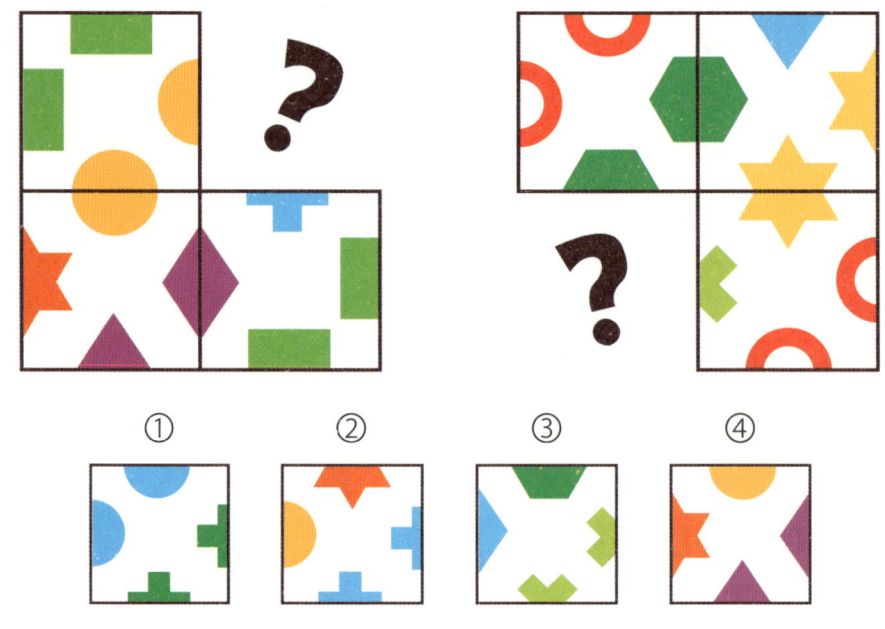

정답 | ③/②

읽다 보면 문해력이 저절로 – 한국사

공주와 옹주, 뭐가 다를까?

왕의 딸을 가리켜 공주라고 해요. 그러나 공주도 출신에 따라 부르는 말이 달랐어요. '왕비가 낳은 딸'은 공주, '후궁이 낳은 딸'은 옹주라 불렀지요. 게다가 공주냐 옹주냐에 따라 남편의 지위도 달라졌답니다. 원래 옹주라는 말은 왕의 후궁이나 대군의 부인을 일컬을 때 사용했는데, 조선 세종 대에 이르러 왕의 후궁이 낳은 딸을 옹주라 부르게 되었어요.

공주와 옹주의 옷은 화려함에 차이가 있을 뿐, 특별히 공주의 옷으로 정해진 건 없었어요. 다만 공주와 옹주는 혼례할 때 꽃무늬가 새겨진 원삼을 입었는데, 이는 나중에 서민들의 혼례복으로 쓰였어요. 공주의 혼례복을 평범한 부녀자들의 혼례복으로 입게 한 것은 평생 한 번뿐인 혼례만큼은 신분을 가리지 않고 귀하게 대접받기를 바란 조상들의 마음 때문이 아닐까요?

LAUGH & LEARN

Point: well [웰] 잘, 좋게

- 동사를 보조하는 조동사에는 can, may, must, should 등이 있어요. 조동사는 동사 앞에 자리하며, 뒤에는 반드시 동사 원형이 와야 해요.

도전! 사고력왕 – 사자성어

💩 갑자기 터진 일을 우선 쉽고 간단하게 처리함을 이르는 말은?

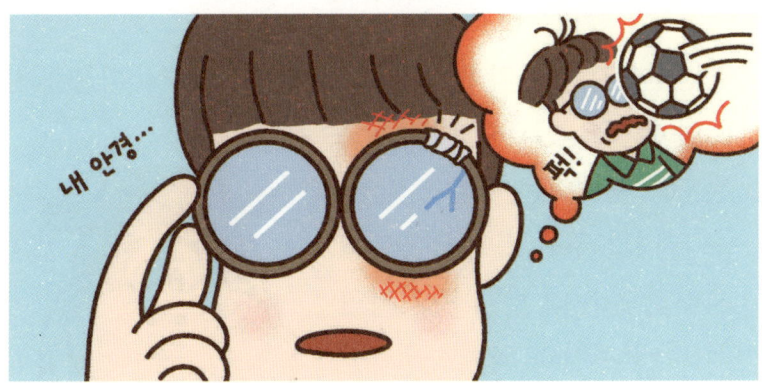

| ㅇ | ㅅ | ㅂ | ㅍ |

똥 눌 때 맞춤법!

아이들은
① 희희낙락거렸어.
② 희희낙낙거렸어.

똥 눌 때 보는 만화 – 지역 상품

> 와, 오랜만에 가족여행이다! 시원한 바다와 맛있는 해산물과 멋진 풍경이 있는 부산으로 출발~!

> 잠시만! 차 좀 멈춰 봐요. 이천에 왔으니 도자기 시장 들러야죠!

이천

> 아범아, 충주가 보이면 사과를 꼭 사야 한단다!

충주

단양

> 아이고! 단양 육쪽마늘이 유명한데, 그걸 놓칠 뻔했네!

> 드디어 부산에 도착했네. 다 문 닫아서 부산 특산물은 구경도 못 하고….

> 아빠, 어차피 늦은 김에 하루 더 자고 내일은 제주도에 귤 사러 가는 거 어때요?

> 아니, 이럴 거면 각자 따로 여행 가!

- **지역 상품** | 해당 지역에서 주로 생산되는 특산물, 공예품, 음식, 관광 상품 등을 말해요.
- **지역 상품권** | 지역의 재래시장과 골목 상권을 지키기 위해 지방 자치 단체에서 발행하는 상품권이에요.

설화 속 경제 이야기

소가 된 게으름뱅이

옛날 옛적에 일은 하지 않고 놀기만 하는 게으름뱅이가 살았어요. 그러던 어느 날, 게으름뱅이는 부인과 다투고 집을 나가 버렸지요. 한참을 가다 웬 할아버지를 만나게 되었어요. 할아버지는 소머리 탈을 만들고 있었지요. 게으름뱅이는 호기심에 그 탈을 한번 써 보았어요. 순간, 게으름뱅이의 몸이 그대로 소가 되어 버렸지 뭐예요!
게으름뱅이는 아무리 말하려 해도 소 울음소리밖에 낼 수 없었어요. 할아버지는 게으름뱅이 소를 농부에게 팔아 버렸어요. 그러면서 소에게 무를 먹이면 절대 안 된다고 신신당부했지요. 소가 된 게으름뱅이는 하루 종일 힘들게 일해야 했어요. 그러던 어느 날, 소가 된 게으름뱅이는 무밭을 발견하고 달려가 무를 뽑아 먹었어요. 그러자 소머리 탈이 벗겨지면서 다시 사람이 되었지요. 이후 게으름뱅이는 집으로 돌아가 열심히 일하며 살았어요.

No.45
똥눌때보는신문 경제

경제 이야기  지금 세계 경제 성장률은?	**01**
그림 한자 사전 대할 대(對)	**02**
문해력이 저절로 달걀을 세운 콜럼버스	
LAUGH & LEARN 오늘의 포인트 - stand	**03**
도전! 사고력왕	
똥 눌 때 보는 만화 체감 물가	**04**

지금 세계 경제 성장률은?

경제 성장률이 중요한 이유

경제 성장률은 일정 기간 동안 한 나라의 경제가 얼마나 성장했는지를 나타내는 중요한 지표예요. 우리나라는 오일 쇼크와 IMF 외환 위기, COVID-19 시기를 제외하고 꾸준히 플러스 성장을 유지해 왔어요. 플러스 성장은 경제가 커진 것을 뜻하기 때문에 일자리는 늘어나고, 경제는 활성화되지요.

새롭게 성장하는 나라는 경제 성장률이 높지만, 이미 산업 발달 수준이 높은 나라의 경우 비교적 경제 성장률이 낮아요. 그래서 나라마다 경제 성장률이 다르답니다.

경제 성장률이 높은 나라는 더 많은 세금을 거둘 수 있고, 세금으로 공공 시설을 늘리면서 경제는 더 성장하게 돼요. 그러나 경제가 너무 빠르게 성장하면, 화폐 가치가 떨어져 '인플레이션'이 발생할 수 있어요. 따라서 정부는 여러 정책을 통해 경제 성장률을 조절해야 해요.

경제 뭉치

① 경제 성장률은 일정 기간 동안 전 세계의 경제 성장을 알려 주는 용어예요. (O/X)

② 새롭게 성장하는 나라는 경제 성장률이 높은 편이에요. (O/X)

③ 경제가 너무 빠르게 성장하면 인플레이션이 나타날 수 있어요. (O/X)

정답 | X/O/O

그림 한자 사전

對

대할 대

풀이 | ①대하다 ②마주하다 ③상대
필순 | 對對對對對對對對對 對對對

- 對決 대결 | 맞서서 우열을 겨룸
- 對答 대답 | 묻는 것에 응하여 말을 함

풀다 보면 논리력이 저절로

🔸 물음표에 들어갈 알맞은 모양을 찾아보아요.

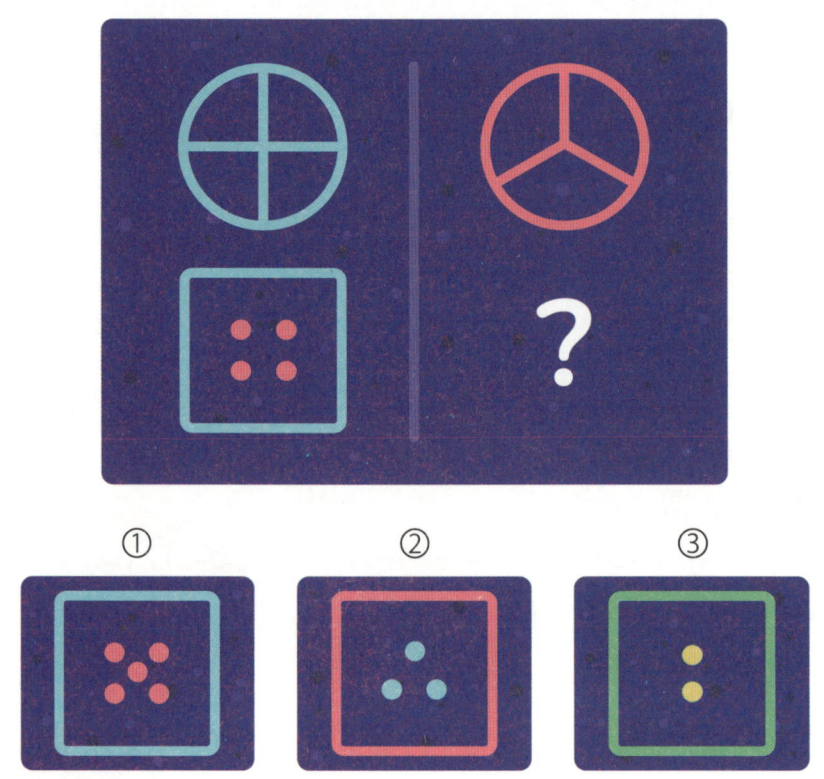

정답 | ②

읽다 보면 문해력이 저절로 – 세계사

달걀을 세운 콜럼버스

콜럼버스는 에스파냐의 이사벨 여왕이 내준 두 척의 배와 선원들을 이끌고 인도로 갔어요. 거센 풍랑과 온갖 고난을 견디며 드디어 한 섬에 닿았지요. 콜럼버스는 그곳이 인도인 줄 알고 기뻐하며 수많은 황금을 들고 에스파냐로 돌아갔어요. 이사벨 여왕은 기뻐하며 큰 잔치를 열어 주었어요. 하지만 몇몇 사람은 그깟 일이 뭐 그리 대단하냐며 비아냥댔어요. 그러자 콜럼버스는 식탁 위에 있던 달걀을 하나 들고 이 달걀을 식탁 위에 세울 수 있는지 물었어요. 사람들은 저마다 달걀을 세워 보려 했지만 실패했지요. 그때 콜럼버스가 달걀 끝을 톡 깨서 세웠어요. 사람들은 어이없어 하며 그렇게 하면 누가 못 하느냐며 구시렁거렸어요. 하지만 콜럼버스는 이렇게 말했지요.

"방법을 알면 누구나 할 수 있어요. 그러나 맨 처음 그 방법을 생각해 내기는 쉽지 않아요. 내가 한 일도 그와 마찬가지입니다."

그러자 사람들은 모두 입을 다물었답니다.

LAUGH & LEARN

- raise 들다
- hold 잡다
- careful 조심하는
- still 가만히

 Raise your left hand! 왼손을 들어!
 Hold the vase! 꽃병을 잡아!
 Be careful! 조심해!

 Stand still! 가만히 서 있어!

 이제 다들 그림 마무리하렴.

도전! 사고력왕 – 관용어

🌀 같은 말을 여러 번 들을 때 쓰는 말은?

┌─┐   ┌─┐
│ㄱ│에 │ㅁ│이 박히다
└─┘   └─┘

똥 눌 때 맞춤법!

① 먹은 만큼
② 먹은만큼

많이 움직여야지.

똥 눌 때 보는 만화 – 체감 물가

- 💩 **체감 물가** | 소비자가 시장에서 소비를 하며 실제로 느끼는 물가로, 사람마다 다르게 느낄 수 있어요.
- 💩 **소비자 물가 지수** | 소비자가 일상생활에 쓰기 위해 구매하는 재화와 서비스의 가격 변동을 나타내는 물가 지수예요.

똑똑해지는 경제 용어

베블런 효과

'베블런 효과'란 재화나 서비스 가격이 올라도 특정 계층의 허영심이나 과시욕으로 인해 수요가 줄지 않고 오히려 늘어나는 현상을 말해요. 일반적으로 가격이 오르면 수요가 줄어들고, 가격이 내리면 수요가 증가한다고 하지요. 그러나 미국의 경제학자 베블런은 가격이 오르는 물건에도 높은 수요가 발생할 수 있다고 봤어요.

이는 부유한 상류층 소비자들이 주위의 시선을 받고 싶거나 자신의 부유함을 뽐내기 위해 값비싼 물건을 사기 때문이에요. 최상류층 소비자를 겨냥한 VIP 마케팅은 이런 베블런 효과를 노린 거예요. 실제로 명품 브랜드는 가격이 올라도 영업 전부터 물건을 구매하기 위해 대기하는 '오픈 런' 현상이 지속된답니다.

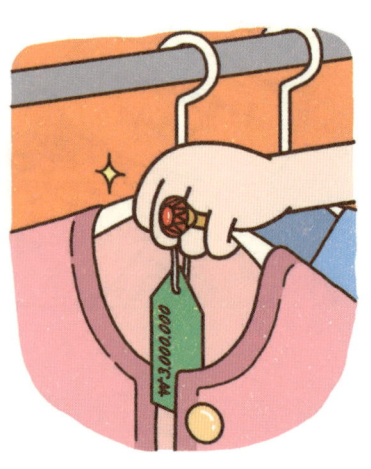

No.46

똥눌때보는신문 경제

경제 이야기 01 100만 원을 빌리면 얼마를 갚아야 할까?	## 100만 원을 빌리면 얼마를 갚아야 할까?
그림 한자 사전 02 그림 도(圖)	
문해력이 저절로 태풍은 어디서 생기는 걸까?	
LAUGH & LEARN 03 오늘의 포인트 - stop	
도전! 사고력왕	
똥 눌 때 보는 만화 04 통화량	

경제 뭉치

① 돈을 빌린 사람(채무자)은 금리가 오르길 바라요. (O/X)

② 금리가 2배로 오르면 사람들은 돈을 더 많이 빌려요. (O/X)

③ 중앙은행은 금리를 올리거나 내리는 역할을 해요. (O/X)

정답 | O/X/X

금리를 알면 경제가 보인다

돈을 빌리거나 저축을 하면 이자가 생겨요. 그때 적용되는 비율을 '금리'라고 하지요. 예를 들어, 은행에서 100만 원을 빌렸는데 금리가 5%라면 1년 뒤에 105만 원을 갚아야 해요. 그런데 만약 금리가 2배로 올라 10%가 되면 110만 원을 갚아야 하지요. 따라서 돈을 빌리는 사람에게는 금리가 오르는 것이 부담스러울 수밖에 없어요. 그래서 금리가 1%만 올라도 돈을 빌리는 사람이 줄어들고, 이자를 많이 받기 위해 시중에 있던 돈이 빠르게 은행으로 몰려든답니다. 반면, 금리가 낮아지면 사람들은 돈을 더 쉽게 빌리게 되고, 저축을 해도 이자가 적기 때문에 투자에 더 많은 관심을 갖게 돼요.

이렇듯 금리는 경제에 큰 영향을 미쳐요. 그렇기 때문에 중앙은행에서는 우리나라의 경제 상황에 맞추어 금리를 올리거나 내리는 역할을 하고 있답니다.

그림 한자 사전

그림 **도**

풀이 | ①그림, 그리다 ②꾀하다
필순 | 圖 圖 圖 圖 圖 圖 圖 圖 圖 圖 圖 圖 圖

- 圖謀 도모 | 할 일의 방법을 계획함
- 意圖 의도 | 무엇을 하려고 꾀함

풀다 보면 논리력이 저절로

🍩 빈칸에 들어갈 알맞은 모양을 찾아보아요.

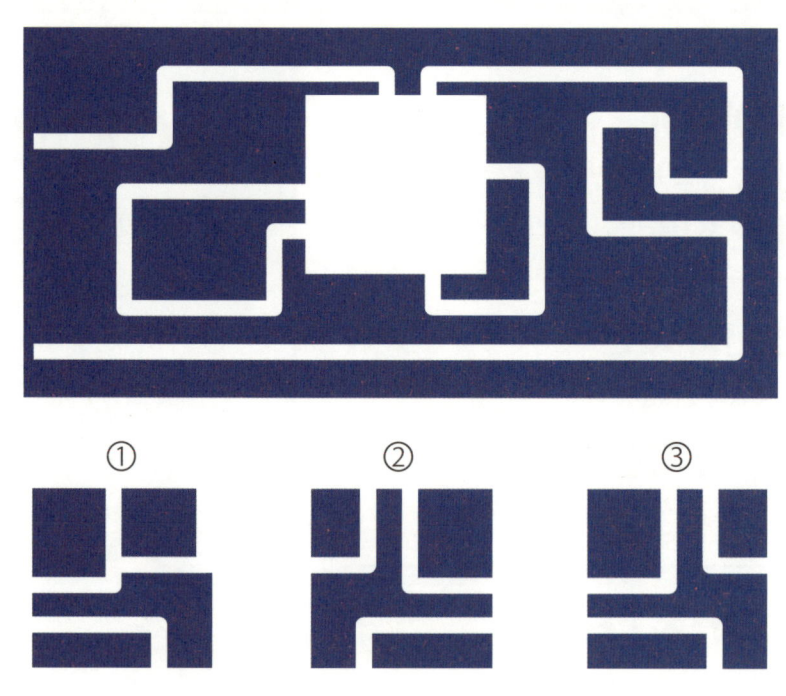

정답 | ③

읽다 보면 문해력이 저절로 - 호기심

태풍은 어디서 생기는 걸까?

태풍은 적도 가까운 곳의 무더운 열대 바다에서 시작돼요. 열대의 바닷물은 뜨거운 햇빛 때문에 증발해서 구름이 되지요. 증발한 바닷물이 모인 커다란 구름대는 지구가 도는 힘에 의해 소용돌이치다가 위로 솟구치는데, 이 과정에서 바람이 아주 세게 불기 시작해요. 이것을 '열대성 저기압'이라고 하지요.

전 세계적으로 열대성 저기압은 1년에 약 80~100개 정도 생기는데, 절반 이상이 주로 태평양에서 생겨요. 그중 우리나라와 가까운 북태평양에서 발생하는 열대성 저기압을 '태풍'이라고 해요. 태풍은 발생하는 지역에 따라 다르게 불러요. 남태평양에서는 '윌리윌리', 북대서양에서는 '허리케인', 인도양에서는 '사이클론'이라고 하지요. 태풍에는 각자 이름도 붙는데, 2000년부터 아시아 태풍 위원회에 속한 14개국이 낸 이름들을 번갈아 쓰고 있답니다.

보는 신문

LAUGH &LEARN

Point stop [스톱] 멈추다

- 무엇을 하지 말라고 할 때는 동사 앞에 Don't를, 무엇을 하자고 제안할 때는 동사 앞에 Let's를 붙여요.

도전! 사고력왕 – 난센스

💩 왕을 만났을 때 하는 인사는?

ㅎ ㅇ ㅋ

똥 눌 때 맞춤법!

① 너만큼은
② 너 만큼은
믿었는데!

똥 눌 때 보는 만화 – 통화량

(만화)

🌀 **통화량** | 나라 안에서 실제로 쓰고 있는 돈의 양을 말해요. 금리가 낮으면 은행에서 대출받는 사람이 늘어나 시장에 유통되는 돈의 양(통화량)이 많아지는데, 이 경우 인플레이션이 발생할 수 있어서 정부는 통화량을 잘 조절해야 해요.

세계 경제 위인

날마다 똑같은 양복만 입는 아인슈타인

아인슈타인은 늘 똑같은 양복만 입고 다녔어요. 그래서 주변 사람들은 그를 보며 지저분하다고 수군거렸지요. 어느 날, 보다 못한 친구가 아인슈타인을 찾아가 말했어요.
"여보게, 날마다 같은 옷만 입지 말고 옷 좀 사게나."
그러자 아인슈타인은 빙그레 웃으며 자신의 옷장을 보여 주었어요. 옷장을 본 친구는 깜짝 놀라고 말았지요. 옷장 안에 똑같은 양복이 아홉 벌이나 들어 있는 거예요. 똑같은 구두도 다섯 켤레나 있고요. 의아해하는 친구에게 아인슈타인이 말했어요.

"허허, 매번 거울 앞에서 무슨 옷을 입을지 고민하기는 싫다네. 그렇게 낭비할 시간이 어디 있나. 옷은 깨끗하기만 하면 된다네."
친구는 그만 할 말을 잃었지요. 아인슈타인은 그런 시간을 아껴 위대한 과학자가 된 거랍니다.

No.47

똥 눌 때 보는 신문 경제

글 김선 그림 이혜원 펴낸곳 삼성출판사 주소 서울시 서초구 명달로 94 전화 080-470-3000 등록 번호 제 1-276호 홈페이지 www.mylittletiger.com
이 책에 실린 글과 그림을 무단으로 복사, 복제, 배포하는 것은 저작권자의 권리를 침해하는 것입니다. ©삼성출판사

경제 이야기 01

국제 유가에 따라 생활비가 달라진다?

그림 한자 사전 02
읽을 독(讀)

문해력이 저절로
뒤주에 갇힌 사도 세자

LAUGH & LEARN 03
오늘의 포인트 - everyone

도전! 사고력왕

똥 눌 때 보는 만화 04
주유 대란

경제 뭉치

① 국제 유가란 우리나라에서 거래되는 원유의 가격을 말해요. (O/X)

② 전쟁이 벌어지면 국제 유가가 오르기도 해요. (O/X)

③ 국제 유가가 오르면 교통비와 운송비가 내려가요. (O/X)

정답 | X/O/X

기름값은 왜 중요할까

'국제 유가'란 전 세계에서 거래되는 원유의 가격을 말해요. 쉽게 설명하면 기름값이라고 생각하면 돼요. 만약 작년에는 1만 원을 가지고 원유 10리터를 살 수 있었는데, 지금은 5리터밖에 살 수 없다면 국제 유가가 오른 것이지요.

국제 유가가 오르는 이유는 여러 가지가 있어요. 대개 많은 물건을 수출하며 경제 성장을 하는 나라들이 원유를 더 필요로 하거나, 전쟁 또는 자연재해로 석유 생산이 줄어들었을 때 오르게 되지요. 특히 2024년에는 러시아와 우크라이나의 전쟁으로 국제 유가가 많이 올랐어요.

원유는 자동차·배·비행기 등의 연료로 사용되며, 난방기와 회사·공장 운영 등 다양한 곳에 쓰여요. 그래서 원유의 가격이 오르면 교통비와 상품 운송비도 올라요. 또 기름을 이용하는 식료품과 생활용품의 가격도 오르게 된답니다.

그림 한자 사전

讀

읽을 독

풀이 | ①읽다, 읽기 ②구두점
필순 | 讀讀讀讀讀讀讀讀讀讀 讀讀讀讀讀讀讀讀讀讀

- 讀經 독경 | 소리 내어 경을 읽음
- 讀書 독서 | 책을 읽음

풀다 보면 논리력이 저절로

💩 성냥개비 2개를 옮겨서 삼각형 2개를 만들어 보아요.

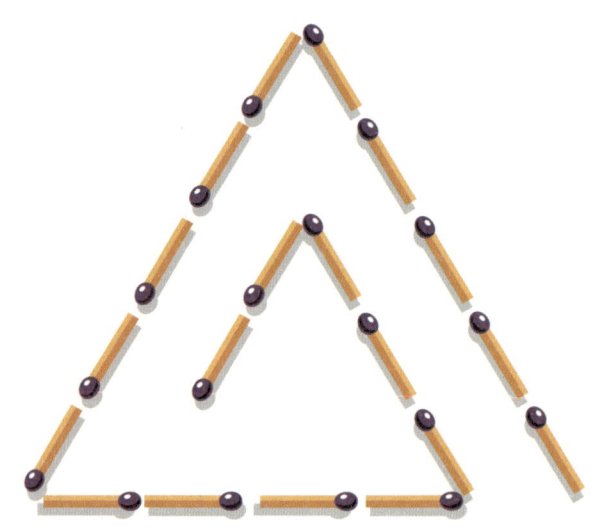

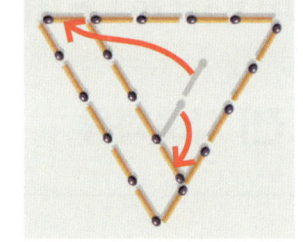

읽다 보면 문해력이 저절로 – 한국사

뒤주에 갇힌 사도 세자

영조는 큰아들이 죽자, 태어난 지 한 달 된 둘째 아들 선을 세자로 세웠어요. 세자는 어려서부터 총명했고, 영조는 나이가 들면서 빨리 세자에게 나랏일을 맡기고 싶어 했지요. 하지만 세자가 왕위에 오르면 자신들의 권력을 빼앗길까 봐 걱정하던 무리는 틈만 나면 세자의 잘못을 부풀려 영조에게 말했고, 영조는 점점 세자를 못 미더워했어요.
그러자 세자는 스트레스를 받아 점점 이상한 행동을 하기 시작했지요. 몰래 궁궐을 빠져나가거나 궁녀를 죽이기도 했어요. 그러던 어느 날, 영조가 숙종의 아들이 아니라는 이상한 소문이 돌았어요. 세자를 반대하던 무리는 이런 분위기 속에서 영조와 세자 사이를 이간질하며 서로 더욱 멀어지게 만들었어요. 결국 영조는 한여름에 쌀이나 곡식을 넣어 두는 뒤주 안에 세자를 가두기까지 했지요. 세자는 8일 만에 뒤주 안에서 숨을 거두고 말았어요. 영조는 세자가 죽은 뒤 자신의 행동을 깊이 후회했고, 세자에게 '사도'라는 이름을 내렸답니다.
사도는 슬프게 생각한다는 뜻이에요.

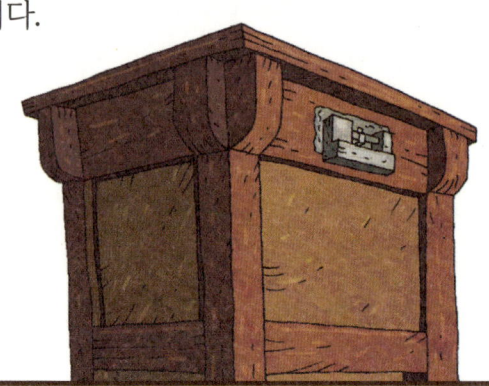

LAUGH & LEARN

Point: everyone [에브리원] 모두, 모든 사람

- say 말하다
- wish ~을 바라다
- come back 돌아오다

Everyone says he makes trouble.
모두들 그가 말썽을 피운다고 말해.

우리 부모님은 내가 시끄럽대.

I wish they would come back.
나는 그들이 돌아오길 바라.

도전! 사고력왕 – 사자성어

🟤 푸른 산에 흐르는 맑은 물처럼 막힘없이 말을 잘하는 것을 이르는 말은?

| ㅊ | ㅅ | ㅇ | ㅅ |

똥 눌 때 맞춤법!

구영이는 날것을
① 못 먹어.
② 못먹어.

똥 눌 때 보는 만화 – 주유 대란

💩 **주유 대란** | 기름을 구하기 어려워 기름을 사기 위해 주유소에 긴 줄을 서거나 심지어 싸움까지 일어나는 상황을 말해요. 원유를 생산하는 나라에서 원유 수출을 줄이거나, 기름을 운반하는 수송에 문제가 생겼을 때 주유 대란이 발생해요.

똑똑해지는 경제 용어

무지출 챌린지

'무지출 챌린지'란 말 그대로 지출 0원을 실천하는 도전이에요. 생활비를 줄이기 위한 하나의 방법으로, 주로 직장인, MZ 세대 등이 참여하고 있지요. 도전 방법으로는 냉장고에 있는 재료들을 이용해 끼니를 해결하는 냉장고 파먹기, 점심값을 아끼기 위한 점심 도시락 싸기, 출퇴근 시 도보나 자전거 이용하기 등이 있어요.

실제로 이들은 온라인 커뮤니티나 SNS를 통해 무지출에 성공한 인증 사진 등을 공유하기도 해요. 무지출 챌린지는 무소비를 지향한다는 점에서 절약하고 아끼는 짠테크와는 조금 달라요. 이와 비슷하게 미국과 유럽에서는 노바이(No-Buy) 챌린지가 유행하기도 했지요. 이제 절제하는 소비는 또 하나의 라이프 스타일로 자리 잡았답니다.

No.48

똥 눌 때 보는 신문 경제

경제 이야기 01  운전도, 주차도 알아서 척척!	

그림 한자 사전 02
아이 동(童)

문해력이 저절로
새로운 발견, '유레카!'

LAUGH & LEARN 03
오늘의 포인트 - wrong

도전! 사고력왕

똥 눌 때 보는 만화 04
전기차와 주식

운전도, 주차도 알아서 척척!

경제 뭉치

① 자율 주행이란 운전자가 직접 운전하는 것을 말해요. (O/X)

② 자율 주행은 음주 운전, 졸음운전으로 인한 사고를 예방할 수 있어요. (O/X)

③ 자율 주행 차량이 도입되면 사람들은 직접 운전하지 않아도 이동할 수 있어요. (O/X)

O/O/X | 답장

미래 교통의 혁신적 기술, 자율 주행

'자율 주행'이란 운전자가 직접 운전하지 않고 차량 스스로 운전하는 것을 말해요. 최근 발전된 이 기술은 미래 교통에 큰 변화를 가져올 것으로 기대돼요.

원하는 목적지만 입력하면 차량이 스스로 이동하기 때문에 우리는 그 동안 책을 읽거나 대화를 나누거나 편히 쉴 수 있어요. 또한 졸음운전, 음주 운전 같은 사고도 줄일 수 있지요. 차량이 직접 가장 적합한 경로를 찾아 선택하고, 일정한 속도로 주행하기 때문에 차가 막히는 것도 줄어들고요.

앞으로 자율 주행 기술은 더 정교해져서 교통 편의성이 높아질 거라고 많은 사람이 기대하고 있어요. 자율 주행 택시와 버스가 대중화되면 사람들은 운전하거나 차를 소유할 필요가 적어질 거예요. 그렇게 되면 교통 안전성이 높아지고, 환경도 보호할 수 있답니다.

그림 한자 사전

童

아이 동

풀이 | 아이
필순 | 童童童童童童童童童童童童

- 童心 동심 | 어린아이의 마음
- 神童 신동 | 머리가 매우 좋은 아이

풀다 보면 논리력이 저절로

물음표에 들어갈 알맞은 단어를 써 보아요.

🔴 🟡 🟢 ➡ 소화기

🟠 🔵 🟣 ➡ 나뭇잎

🟢 🟤 🟢 ➡ 기러기

🔴 🟠 🟢 ➡ ?

정답 | 주황색

읽다 보면 문해력이 저절로 – 세계사

새로운 발견, '유레카!'

어느 날, 왕이 과학자 아르키메데스를 불러 물었어요.
"이 왕관이 정말 순금으로 되어 있는가?"
사실 왕이 순금을 주고 왕관을 만들라고 했는데, 소문에 따르면 세공사가 은을 섞었을지 모른다는 거였지요. 왕은 아르키메데스에게 이 소문의 진실을 밝혀 보라고 했어요. 아르키메데스는 며칠 밤낮을 고민했지만, 왕관이 순금인지 아닌지 알아낼 방법이 없었어요.
그러던 어느 날, 공중목욕탕에서 목욕을 하던 아르키메데스는 탕 속에 들어갔어요. 그 순간 물이 넘치는 걸 보고는 큰 소리로 "유레카!"라고 외쳤어요. 너무 기쁜 나머지 알몸으로 거리를 달려 나갔지요. 그리고 집으로 가서 똑같은 항아리 2개에 물을 가득 채우고 하나에는 왕관을, 또 하나에는 같은 무게의 금을 넣었어요. 그러자 두 항아리의 물이 넘쳤는데, 그 양이 달랐지요. 아르키메데스는 어떤 덩어리가 물에 잠기면 그 부피만큼 물이 흘러넘친다는 사실을 알아냈어요. 왕관이 진짜 순금이 아니라는 걸 밝혀낸 것이지요.

LAUGH & LEARN

Point: wrong [렁] 잘못된, 틀린

- event 행사
- parents 부모님
- show up 나타나다

Everyone says the event went wrong.
모두들 행사가 잘못됐다고 해.

My parents say they got hurt.
부모님이 말씀하시길 그들이 다쳤대.

I wish you would show up.
나는 네가 나타났으면 좋겠어.

도전! 사고력왕 - 속담

💩 아무리 쉬운 일이라도 서로 힘을 합하는 것이 더 낫다는 말은?

ㅂ ㅈ ㅈ 도 맞들면 낫다

똥 눌 때 맞춤법!

구영이는 나보다 운동을
① 못해.
② 못 해.

똥 눌 때 보는 만화 – 전기차와 주식

- 💩 **전기차** | 전기 자동차를 줄인 말로, 전기의 힘으로 움직이는 자동차예요. 기름으로 가는 차처럼 매연이 나오지 않아 친환경적이에요.
- 💩 **전기차 보조금** | 일반 차와 달리 전기차를 사면 나라에서 일부 금액을 지원해요. 환경친화적인 차량을 이용하라고 권장하는 거지요.

탈무드 속 경제 이야기

줄 돈과 받을 돈

한 유대인이 큰 병에 걸렸어요. 그는 죽을 날이 가까워지자 아들을 불러 놓고 말했지요.

"내가 돈을 빌려준 사람의 이름과 액수를 부를 테니 받아 적어라."

이름을 다 불러 준 아버지는 그만 나가 보라고 힘없이 손짓했어요. 이에 아들이 걱정스러운 얼굴로 말했어요.

"아버지, 우리가 돈을 빌려 쓴 사람의 이름과 금액도 알려 주셔야지요."

그러자 아버지는 힘없는 소리로 말했답니다.

"얘야, 그럴 필요는 없다. 내가 빌린 건 그쪽에서 잊지 않고 찾아올 테니까. 남에게 줄 돈은 잊어도 받을 돈은 잊지 않는 것이 사람의 마음이란다."

No.49

똥 눌 때 보는 신문 경제

글 김선 그림 이해원 펴낸 곳 삼성출판사 주소 서울시 서초구 명달로 94 전화 080-470-3000 등록 번호 제 1-276호 홈페이지 www.mylittletiger.com
이 책에 실린 글과 그림을 무단으로 복사, 복제, 배포하는 것은 저작권자의 권리를 침해하는 것입니다. ⓒ삼성출판사

경제 이야기 01

암호 화폐, 얼마나 더 오를까?

그림 한자 사전 02
머리 두(頭)

문해력이 저절로
기는 놈 위에 나는 놈

LAUGH & LEARN 03
오늘의 포인트 - Christmas

도전! 사고력왕

똥 눌 때 보는 만화 04
사이버 머니

암호 화폐, 얼마나 더 오를까?

비트코인, 도대체 어디에 쓰는 화폐일까?

나라마다 쓰는 화폐는 정해져 있어요. 그런데 컴퓨터 프로그래머인 사토시 나카모토가 2009년에 '비트코인'이라는 첫 암호 화폐(네트워크에서 안전한 거래를 위해 암호화된 디지털 화폐)를 개발했어요.
비트코인은 실제 모습 없이 인터넷상에서만 존재하는데, 마치 금을 캐는 것처럼 비트코인도 '채굴'이라는 과정을 통해 만들어지기 때문에 '디지털 금'이라고도 불러요.

전 세계 사람이 사용하기 때문에 어디서나 쉽게 송금할 수 있고, 환전이 필요하지 않으니 수수료도 내지 않아요. 그래서 비트코인을 화폐로 인정하는 곳이 늘어나고 있어요. 최근에는 많은 기업에서도 비트코인을 결제 수단으로 사용하고 있지요. 이에 많은 사람들이 비트코인에 투자하기 시작했고, 2024년에는 1비트코인의 가치가 1억 원이 넘기도 했답니다.

경제 뭉치

① 디지털 화폐 중 가장 먼저 만들어진 것은 비트코인이에요. (O/X)

② 비트코인은 '채굴'이라는 과정을 통해 만들어져요. (O/X)

③ 비트코인을 화폐로 인정하는 곳은 없어요. (O/X)

정답 | O/O/X

그림 한자 사전

頭

머리 두

풀이 | ①머리 ②우두머리
필순 | 頭 頭 頭 頭 頭 頭 頭 頭 頭 頭 頭 頭 頭 頭 頭 頭

- 頭痛 두통 | 머리가 아픈 증세
- 頭目 두목 | 우두머리

풀다 보면 논리력이 저절로

 다음 중 똑같은 아이 두 명을 찾아보아요.

읽다 보면 문해력이 저절로 - 탈무드

기는 놈 위에 나는 놈

어느 시골 장사꾼이 물건을 사기 위해 도시로 갔어요. 그런데 시장은 며칠 뒤에나 열린다는 거예요. 시장이 열리길 기다리는 동안 돈을 도둑맞을까 불안해진 장사꾼은 외진 숲속에 땅을 파고 돈주머니를 묻어 두었어요.

그런데 다음 날 다시 가 보니 돈이 사라져 버린 거예요! 주위를 돌아보니 바로 근처 집 벽에 구멍이 뚫려 있어 자신이 돈을 파묻은 곳을 집 안에서 훤히 볼 수 있는 게 아니겠어요? 이에 장사꾼은 집주인을 찾아가 공손히 물었어요.

"저는 시골에서 온 장사꾼인데, 은화 500개를 아무도 모르는 곳에 묻어 두었습니다. 남은 은화 800개는 어디에 두어야 할지 어르신의 지혜를 빌려주십시오."

그러자 집주인은 은화 500개를 묻어 둔 곳에 함께 묻으라고 말했어요. 잠시 뒤, 장사꾼은 그 집을 나와 멀찍이 떨어져 몸을 숨기고 있었어요. 아니나 다를까 집주인은 부리나케 자기가 꺼내 온 돈주머니를 가지고 가서 그 자리에 도로 묻었어요. 장사꾼이 가진 은화 800개마저 가로채고 싶었던 거지요. 이렇게 해서 지혜로운 장사꾼은 잃어버린 돈을 찾을 수 있었어요.

LAUGH &LEARN

- sure 확신하는
- feel 느끼다, (감정이) 들다
- think 생각하다

도전! 사고력왕 – 난센스

🍫 딸기가 일자리를 잃으면?

똥 눌 때 맞춤법!

뭘 그렇게 혼자
① 궁시렁거리니?
② 구시렁거리니?

똥 눌 때 보는 만화 – 사이버 머니

🟤 **사이버 머니** | 인터넷에서 사용하는 화폐로, 물리적으로 눈에 보이지 않지만 실제 돈과 같은 효력을 발휘해요. 주로 사이버 금융 거래와 쇼핑을 위한 지불 수단으로 사용돼요.

똑똑해지는 경제 용어

슈링크플레이션

'슈링크플레이션'은 줄어든다는 뜻의 '슈링크(shrink)'와 물가 상승을 나타내는 '인플레이션(inflation)'이 합쳐진 말이에요. 가격을 올리면 소비자가 싫어하기 때문에 제품의 크기나 양을 줄이거나 품질을 낮추는 방식으로 비용을 아끼는 것을 말하지요. 실제 과자의 양보다 질소가 더 많아 '질소 과자'라 불리는 경우도 이에 해당해요.

소비자 입장에서는 제품 가격은 그대로인데 실제로 받는 양이 줄어들거나 품질이 낮아졌기 때문에 아쉬울 수밖에 없어요. 그럼 결국 실제 구매가 줄어들게 되지요. 그래서 공정거래위원회에서는 소비자에게 알림 없이 제품 용량을 줄이는 걸 부당 행위로 보고, 고지 의무를 위반한 경우 과태료를 부과하고 있어요.

No.50

똥 눌 때 보는 신문 경제

경제 이야기	01

환율이 올라서
물건이 비싸졌다고?

| 그림 한자 사전 | 02 |
올 래(來)

문해력이 저절로
높은 도시, 아크로폴리스

| LAUGH & LEARN | 03 |
오늘의 포인트 - go

도전! 사고력왕

| 똥 눌 때 보는 만화 | 04 |
환율 변동

세계 경제에 영향을 미치는 환율

해외여행을 갈 때는 우리나라 돈을 외국 돈으로 바꾸어야 해요. 나라별로 쓰는 화폐가 다르기 때문이지요. 이때 우리나라 화폐와 다른 나라 화폐의 교환 비율을 '환율'이라고 해요. 우리나라 돈 원화와 미국 돈 달러의 가치를 비교할 때도 환율(원/달러 환율)을 사용하지요.
예를 들어 1달러가 1,000원이라면 1달러를 얻기 위해서는 우리나라 돈 1,000원을 주어야 해요. 그런데 환율이 올라 1달러가 2,000원이 되면 우리나라 돈의 가치는 반으로 줄어들게 되지요. 똑같은 물건을 사더라도 우리나라 돈을 2배로 줘야 하니까 해외로 떠나는 여행객도 줄어들게 돼요. 대신 달러를 사용하는 나라에서는 우리나라로 여행을 많이 오게 되는데, 절반 가격에 여행을 할 수 있기 때문이에요. 이처럼 환율은 세계 경제에 큰 영향을 미치는 중요한 요인이랍니다.

경제 뭉치

① 환율은 우리나라 화폐와 다른 나라 화폐의 교환 비율을 말해요. (O/X)

② 환율이 오르면 우리나라 돈의 가치는 떨어져요. (O/X)

③ 환율이 오르면 해외여행객도 늘어나요. (O/X)

정답 | X/O/O

그림 한자 사전

올 래

풀이 | ①오다 ②불러들이다 ③~에서, ~부터
필순 | 來來來來來來來來

- 來往 내왕 | 오고 가고 함
- 來歷 내력 | 지나온 경력

풀다 보면 논리력이 저절로

💩 빈칸에 들어갈 알맞은 모양을 찾아보아요.

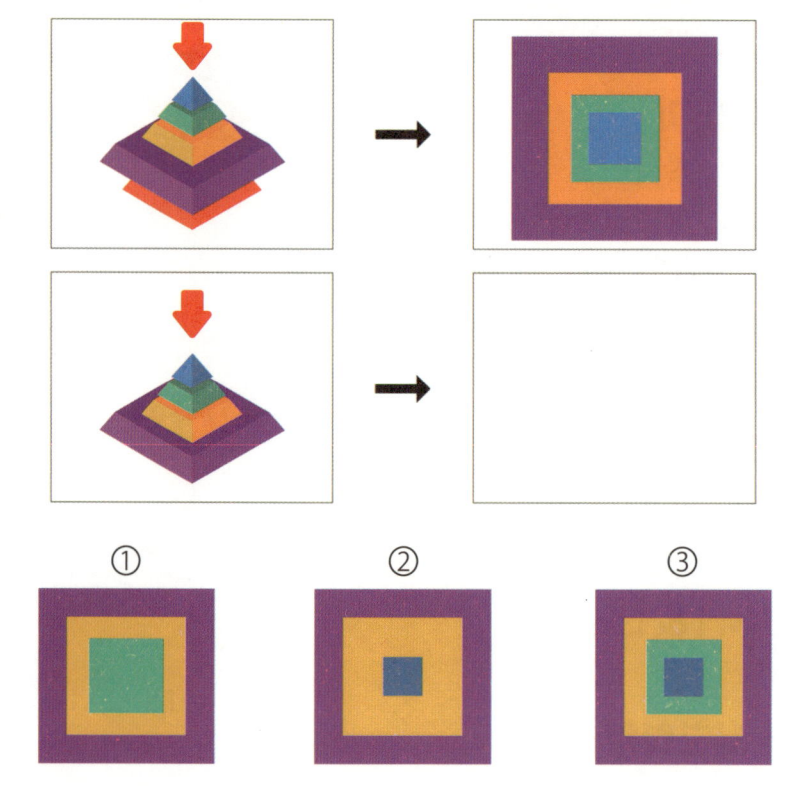

ⓒ | 요한길

읽다 보면 문해력이 저절로 – 세계 문화유산

높은 도시, 아크로폴리스

옛 그리스 사람들은 성벽으로 둘러싸인 도시와 주변 농촌 지역을 합해 국가를 이루었어요. 이것을 '폴리스(도시 국가)'라고 해요. 그때는 전쟁이 잦아서 적들을 피해 도시에서 가장 높은 곳에 최후의 방어 요새를 만들었는데, 이것이 바로 '높은 도시'라는 뜻의 '아크로폴리스'예요. 아테네의 아크로폴리스에는 파르테논 신전과 니케 신전 등이 있는데, 특히 파르테논은 도시의 수호신인 아테나에게 바친 신전으로 유명해요.

이 파르테논 신전과 우리나라 국보 부석사 무량수전 사이에는 두 가지 공통점이 있어요. 첫째는 기둥 가운데가 아래나 위보다 불룩하다는 점이고, 둘째는 가로와 세로의 비율이 가장 아름답고 조화로운 황금비(1.618 대 1)를 이룬다는 점이랍니다.

아크로폴리스

보는 신문

LAUGH & LEARN

- hope   바라다
- go on a picnic   소풍을 가다
- nap   낮잠

도전! 사고력왕 – 사자성어

같은 일을 두고 서로 다른 생각을 하고 있다는 뜻의 말은?

똥 눌 때 맞춤법!

① 휴계소에는
② 휴게소에는
맛있는 게 많아!

똥 눌 때 보는 만화 – 환율 변동

💩 **환율 변동** | 환율이 오르거나 내리는 현상을 말해요. 나라별 경제 상황, 정치 상황, 투자 자금 등 여러 이유로 환율은 변할 수 있어요. 환율이 오르면 우리나라 돈의 가치가 떨어지기 때문에 해외여행을 가거나 물건을 수입할 때 좋지 않아요.

설화 속 경제 이야기

소금 나오는 맷돌

옛날 옛적에 임금님이 아주 귀한 맷돌을 가지고 있었어요. 이 맷돌은 원하는 것은 무엇이든 나오는 신기한 물건이었지요. 어느 날, 이 소문을 들은 도둑이 대궐의 담을 넘어가 몰래 맷돌을 훔쳤어요. 그리고 배 한 척을 훔쳐 맷돌을 싣고 멀리 떠났지요. 무사히 바다 한가운데까지 온 도둑은 신이 나서 맷돌을 사용해 보기로 했어요. 그때 문득 소금이 생각났지요. 당시 소금은 매우 비싸고 귀했거든요.
"맷돌아, 맷돌아, 나에게 희고 고운 소금을 다오."

도둑의 말이 끝나자마자 맷돌에서는 거짓말처럼 하얀 소금이 펑펑 쏟아져 나왔어요. 도둑은 너무나 신이 났어요. 하지만 배는 순식간에 소금으로 가득 찼고, 무거워진 배가 물속으로 가라앉았지요. 맷돌 멈추는 방법을 몰랐던 도둑은 그대로 바닷속에 빠졌고, 맷돌은 계속 소금을 만들어 냈어요. 바닷물이 짠 이유는 바로 이 맷돌 때문일지도 몰라요.

No.51

똥 눌 때 보는 신문 경제

경제 이야기 01  달러의 비밀 속으로	
그림 한자 사전 02 예도 례(禮)	
문해력이 저절로 빛의 화가가 담아낸 순간	
LAUGH & LEARN 03 Every cloud has a silver lining	
도전! 사고력왕	
똥 눌 때 보는 만화 04 슈퍼 엔저	

경제 뭉치

① 달러는 기축 통화 중 가장 많이 사용하는 통화예요. (O/X)

② 100달러에는 초대 대통령인 조지 워싱턴이 그려져 있어요. (O/X)

③ 달러의 가치가 내려가는 건 우리나라 경제와 전혀 상관없어요. (O/X)

X/X/O | 月요

달러의 비밀 속으로

기축 통화 순위 1위, 달러

달러처럼 어느 나라에서나 사용할 수 있는 화폐를 '기축 통화'라고 해요. 경제 규모가 크고 외교적 영향력이 높은 나라의 화폐가 기축 통화 역할을 하는데, 달러 이외에 유럽의 유로화나 영국의 파운드, 일본의 엔화를 준기축 통화로 보기도 해요.

미국의 달러는 세계에서 가장 많이 사용하는 화폐로, 달러에는 유명한 인물들이 담겨 있어요. 1달러에는 초대 대통령 조지 워싱턴, 5달러에는 제16대 대통령 에이브러햄 링컨, 100달러에는 유명한 정치가 벤저민 프랭클린이 그려져 있지요.

세계 경제에서 미국의 영향력이 크고 달러는 세계에서 가장 많이 사용하는 화폐이기 때문에 그 가치가 오르거나 낮아지는 것 역시 각 나라 경제에 큰 영향을 끼칠 수 있어요. 그래서 많은 나라에서는 미국과의 무역을 통해 더 많은 달러를 보유하고 싶어 해요.

그림 한자 사전

禮
예도 례

풀이 | ①예도 ②절, 인사 ③예물
필순 | 禮禮禮禮禮禮禮禮 禮禮禮禮禮禮禮

- 禮儀 예의 | 예절과 몸가짐
- 禮節 예절 | 예의범절

풀다 보면 논리력이 저절로

💩 빈칸에 들어갈 알맞은 숫자를 찾아보아요.

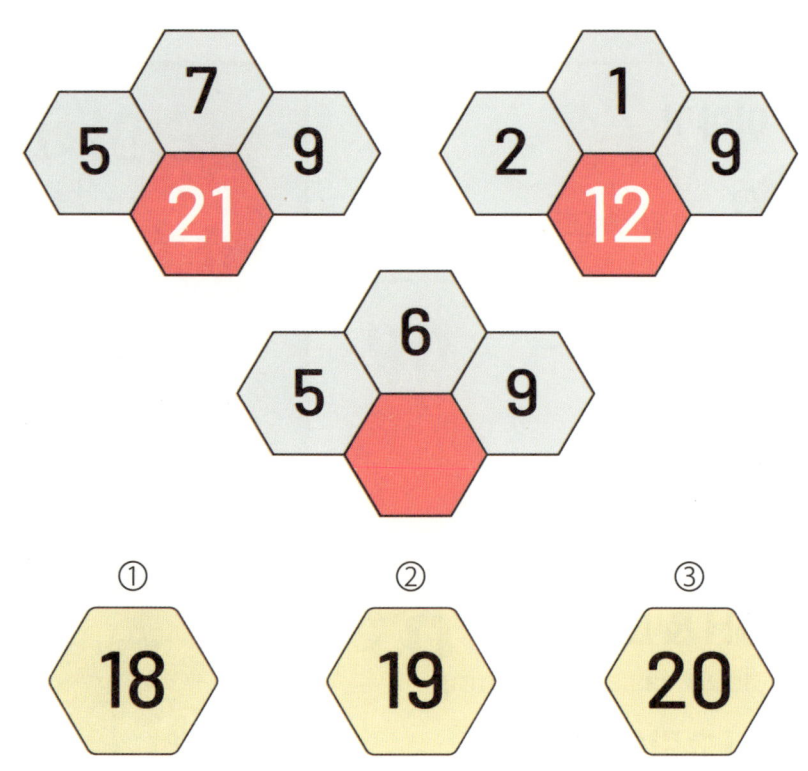

읽다 보면 문해력이 저절로 - 명화

빛의 화가가 담아낸 순간

아침 바다 너머로 떠오르는 강렬한 태양이 파도를 붉게 물들이고 있어요. 작은 배가 노를 저으며 파도가 일렁이는 바다를 지나고 있지요.

프랑스의 인상파 화가 모네가 그린 〈인상, 해돋이〉는 이전 화가들의 그림과는 매우 달랐어요. 눈앞의 풍경을 세밀하고 정확하게 그리기보다 시시각각 변화하는 자연의 순간적인 색채를 포착해 담아내려고 했지요. 순간적이고 즉흥적인 색채의 자연 모습을 그린 모네는 인상주의라는 미술의 경향을 만들어 내며, '빛의 화가'라고도 불렸어요. 대표적 인상주의 화가로는 마네, 드가, 르누아르 등이 있어요.

인상, 해돋이 | 48×63cm | 1872년 | 파리 마르모탕 박물관

보는 신문

LAUGH & LEARN

Every cloud has a silver lining

상황이 어려울 때, 먹구름이 낀 것처럼 희망을 찾기 어려워요. 하지만 먹구름이 걷히고 해가 뜨는 날은 반드시 찾아와요. 이 말은 먹구름 뒤에 햇빛이 비쳐 은색 빛줄기처럼 보이는 것을 표현한 말로, '쥐구멍에도 볕 들 날 있다'라는 속담과 같은 뜻이에요.

도전! 사고력왕 – 관용어

🟤 기력이 매우 약해지거나 충격을 받아 정신이 아찔한 상황을 일컫는 말은?

ㅎ ㄴ 이 노랗다

똥 눌 때 맞춤법!

집으로 편지를
① 부쳤어.
② 붙였어.

똥 눌 때 보는 만화 - 슈퍼 엔저

💩 **엔화** | 일본에서 사용하는 통화를 말해요. 세계에서 많이 거래되는 통화 중 하나이며, '¥'로 표시해요. 2024년에는 슈퍼 엔저(엔화의 값이 다른 나라에 비해 현저히 낮은 상황)로 인해 엔화 가치가 떨어져 일본을 찾는 여행객이 많이 늘었어요.

똑똑해지는 경제 용어

한계 효용 체감의 법칙

사자성어에 '다다익선'이라는 말이 있어요. 많으면 많을수록 좋다는 뜻이지요. 그런데 이 말이 항상 옳지만은 않아요. 재화나 서비스를 이용한 뒤 한 번 더 이용했을 때 각자가 느끼는 만족감을 '한계 효용'이라고 하는데, 이 한계 효용은 횟수가 늘어날수록 작아져요.

예를 들어, 배가 고플 때 빵을 먹는다고 생각해 보세요. 처음에 빵을 한 개 먹을 때는 아주 맛있게 먹을 거예요. 하지만 두 개째 먹을 때도 처음 한 개를 먹을 때와 같은 만족감을 느낄까요? 그럼 세 개째, 네 개째는 어떨까요? 배가 불러 더 이상 먹을 수 없는 지경이 되면 맛을 즐기지 못하게 될 거예요. 그러다 어느 순간 만족감은 오히려 줄어들고 말겠지요. 이를 '한계 효용 체감의 법칙'이라고 해요.

No.52

똥눌때보는신문 경제

경제 이야기 01

낮 시간을 아끼는 서머 타임

그림 한자 사전 02
이로울 리(利)

문해력이 저절로
별은 왜 반짝일까?

LAUGH & LEARN 03
The apple fell far from the tree

도전! 사고력왕

똥 눌 때 보는 만화 04
유럽의 서머 타임

경제 뭉치

① 서머 타임은 겨울에 한 시간 앞당기는 것을 말해요. (O/X)

② 서머 타임은 일광 절약 시간제라고도 해요. (O/X)

③ 서머 타임 효과가 너무 좋아서 앞으로도 계속 확대할 예정이에요. (O/X)

X/O/X | 월요

낮 시간을 아끼는 서머 타임

한 시간만 빠르게 삽시다

'서머 타임'은 해가 긴 계절에 원래 시간보다 한 시간 앞당기는 것을 말해요. 해가 일찍 뜨고 늦게 지는 계절에 한 시간 더 일찍 일과를 시작해 시간과 에너지를 경제적으로 쓰기 위해서이지요. 그래서 서머 타임을 '일광 절약 시간제'라고도 해요.

서머 타임은 시행하는 나라마다 조금씩 다르지만 대부분 봄에서 가을까지 계속되며, 서머 타임이 끝나면 시간을 다시 조정해야 해요. 그래서 서머 타임이 시작되면 평소보다 한 시간 일찍 일어나야 하고, 끝나면 한 시간 더 잘 수 있어요.

그런데 시계를 조정하는 걸 까먹어서 혼란스러워하는 사람도 생기고, 수면 시간이 바뀌는 것에 대한 불만도 커지면서 아쉬움을 드러내는 목소리도 커지고 있어요. 이 때문에 서머 타임을 계속 유지해야 할지 말아야 할지 꾸준히 논의가 이루어지고 있답니다.

그림 한자 사전

利

이로울 리

풀이 | ①이롭다 ②날카롭다 ③편리하다
필순 | 利 利 利 利 利 利 利

• 利用 이용 | 물건을 이롭게 씀
• 利益 이익 | 이롭고 유익한 것

풀다 보면 논리력이 저절로

🪨 알맞은 짝을 찾아 선으로 이어 보아요.

읽다 보면 문해력이 저절로 – 호기심

별은 왜 반짝일까?

별은 태양처럼 스스로 빛을 내요. 다만 지구에서 멀리 떨어져 있어서 그 빛이 약하게 보일 뿐이지요. 별빛은 우리 눈에 오기까지 그 모양이 많이 달라져요.

대기 중에는 공기가 많은데, 땅에서 반사되는 열 때문에 공기가 뜨거워지면 차가운 공기와 섞이면서 끊임없이 움직이게 돼요. 이렇게 움직이는 공기에 부딪쳐 별의 빛도 계속해서 다른 모양으로 꺾이게 되지요. 이것이 우리 눈에는 반짝이는 것처럼 보이는 거예요.

참고로 별은 우리 은하계에만 적게는 1,000억 개, 많게는 4,000억 개 정도 있다고 해요. 이 중에서 우리가 눈으로 볼 수 있는 별은 고작 6,000개에 불과하답니다. 북극성은 맨눈으로 잘 보일 만큼 밝은 별들 중 하나로, 하늘의 북극에 가장 가까운 별이에요. 또 북두칠성은 큰곰자리의 꼬리 부분에 있는 빛나는 별 7개를 말해요.

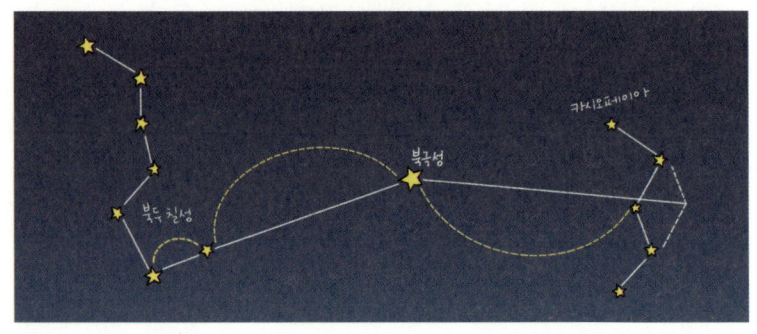

LAUGH &LEARN

The apple fell far from the tree

대개 사과 열매는 자신이 나고 자란 나무 아래로 똑 하고 떨어져요. 하지만 나무에서 멀리 떨어진 사과는 자신이 자란 나무와는 다른 가능성을 가질 수도 있어요. 열악한 환경에서도 성공한 사람을 가리키는 '개천에서 용 난다'라는 속담과 같은 뜻이에요.

도전! 사고력왕 – 난센스

🍫 물고기 중 학벌이 가장 좋은 물고기는?

똥 눌 때 맞춤법!

편지에 스티커를
① 부쳤어.
② 붙였어.

똥 눌 때 보는 만화 – 유럽의 서머 타임

💩 **서머 타임의 시행** | 제1차 세계 대전이 한창일 때 독일과 오스트리아를 시작으로 네덜란드, 영국 등으로 퍼진 후, 1970년대를 기점으로 대부분의 유럽 국가에서는 서머 타임을 시행했어요. 우리나라도 실시한 적이 있지만 불편한 점이 많아 폐지했어요.

세계 경제 위인

10센트를 아낀 갑부 록펠러

록펠러는 미국의 '석유왕'이자 세계적인 갑부예요. 그는 단골 식당에서 밥을 즐겨 먹으며, 종업원에게 늘 15센트의 팁을 줬어요.

"어휴, 그렇게 부자이면서 팁을 겨우 15센트밖에 안 주다니!"

종업원은 입을 쭉 내밀고 속으로 중얼거렸어요. 그러던 어느 날, 록펠러는 평소처럼 식사를 마치고 팁을 주려고 지갑을 열었어요. 하지만 아무리 찾아도 5센트밖에 없었지요. 하는 수 없이 그는 5센트만 팁으로 주었어요. 그러잖아도 팁이 적어 늘 못마땅하던 종업원은 볼멘소리로 말했어요.

"내가 만일 당신 같은 부자라면 그까짓 10센트로 째째하게 굴지 않을 거예요."

이 말을 들은 록펠러는 종업원을 점잖게 타일렀어요.

"이보게, 부자인 나도 10센트를 아끼는데 어찌 자네가 10센트를 그토록 하찮게 여기는가?"

종업원은 얼굴이 빨개진 채 아무 말도 못 했답니다.

No.53

똥눌때보는신문 경제

경제 이야기 01

일상 속 똑똑한 친구, AI

그림 한자 사전 02
눈 목(目)

문해력이 저절로
나는 사도 세자의 아들이다!

LAUGH & LEARN 03
Belling the cat

도전! 사고력왕

똥 눌 때 보는 만화 04
딥페이크

일상 속 똑똑한 친구, AI

AI는 우리 생활이 편리하도록 도와줘요

AI는 '인공 지능(Artificial Intelligence)'의 줄임말로 데이터를 학습해서 사람처럼 생각하고 판단하도록 만든 기술이에요.
인공 지능은 우리 생활을 편리하게 만들어 주고 있어요. 휴대 전화에서 음성 비서를 호출해서 전화를 걸거나, 우리의 기호를 파악해 좋아할 만한 영상을 추천해 주기도 해요. 로봇 청소기와 자율 주행차도 인공 지능을 활용한 편리한 물건이에요.

특히 챗봇과 챗GPT 등은 아이디어를 내거나 자료를 찾는 등 일을 할 때 큰 도움이 돼요. 최근에는 의료 데이터를 분석해서 질병을 조기에 발견하는 데 도움을 주거나, 위험한 작업을 대신하는 로봇에 인공 지능이 활용되기도 해요.
이처럼 인공 지능은 우리 생활 전반에 걸쳐 많은 도움을 주고 있으며, 앞으로도 더 많은 분야에서 적극적으로 활용될 거예요.

경제 뭉치

① 인공 지능은 사람처럼 생각하고 판단할 수 없어요. (O/X)
② 로봇 청소기와 자율 주행차도 인공 지능을 활용한 물건이에요. (O/X)
③ 인공 지능은 앞으로도 다양한 분야에 더욱 많이 쓰일 거예요. (O/X)

O/O/X | 답정

그림 한자 사전

눈 목

풀이 ①눈 ②눈동자 ③보다
필순 目 冂 目 目 目

- 目擊 목격 | 그 자리에서 실제로 봄
- 目標 목표 | 이루려고 하는 대상

풀다 보면 논리력이 저절로

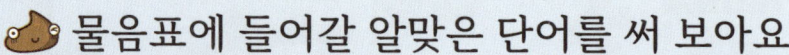
물음표에 들어갈 알맞은 단어를 써 보아요.

정답 | 라디오

읽다 보면 문해력이 저절로 – 한국사

나는 사도 세자의 아들이다!

어린 세손인 이산은 뒤주에 갇혀 죽은 아버지 사도 세자를 눈물로 지켜보았어요. 그리고 아버지의 한을 꼭 풀어 드리겠다고 다짐했지요. 이산은 왕실 도서관에서 책을 읽으며 시간을 보냈어요. 속마음을 드러내거나 정치에 관여하지도 않았지요. 그럼에도 사도 세자를 죽음으로 몰았던 무리들은 호시탐탐 이산의 목숨을 노렸어요. 세손이 왕위에 오르면 자신들이 화를 당할까 봐 두려웠던 거지요. 하지만 아들을 죽인 일을 몹시 후회하던 영조는 이산을 지키려 노력했어요. 세손을 항상 지켜 주는 홍국영 같은 신하도 있었지요.

시간이 흘러 영조가 세상을 떠나자, 무사히 살아남은 이산은 왕위를 이어받았어요. 그가 바로 정조예요.
"나는 사도 세자의 아들이다!"
효심이 깊었던 정조는 왕위에 오르자, 아버지의 억울함을 풀어 주기 위해 애썼어요. 수원에 성을 쌓고, 그곳으로 아버지의 묘도 옮겼지요. 이는 새로운 도시와 성을 세워 조선을 새롭게 만들겠다는 뜻이기도 했어요. 정조는 왕위에 있는 동안 훌륭한 정치를 펼친 왕으로 기록되었답니다.

LAUGH & LEARN

Belling the cat

호시탐탐 쥐를 노리는 고양이에게서 도망치기란 쉽지 않아요. 고양이 목에 방울이라도 달려 있다면 정말 좋겠지만 고양이에게서 도망치느라 바쁜 쥐가 고양이 목에 방울을 달기란 어려워요. 이 속담은 그만큼 실행하기 어려운 계획을 뜻한답니다.

Belling the cat
고양이 목에 방울 달기

도전! 사고력왕 - 사자성어

어떤 것을 매우 사랑하고 소중히 여기는 모습을 뜻하는 말은?

ㅇ ㅈ ㅈ ㅈ

똥 눌 때 맞춤법!

선생님께서 공부를
① 가르쳐 주셨어.
② 가리켜 주셨어.

똥 눌 때 보는 만화 – 딥페이크

🦠 **딥페이크(deepfake)** | 인공 지능 기술을 이용해 기존에 있던 사람의 얼굴이나 신체 일부를 다른 이미지와 합쳐 만들어 낸 가짜 이미지 또는 영상 편집물을 말해요. 최근 가짜 뉴스를 만들 때 사용하는 등 순기능보다 역기능이 부각되어 사회 문제로 떠오르고 있어요.

똑똑해지는 경제 용어

슈거플레이션

'슈거플레이션'은 설탕을 뜻하는 '슈거(sugar)'와 물가 상승을 나타내는 '인플레이션(inflation)'이 합쳐진 말이에요. 설탕 가격이 갑자기 오르면 설탕을 원료로 사용하는 과자나 빵, 아이스크림 등의 가격이 함께 올라 결국 식품 물가를 올리는 현상을 말해요.

슈거플레이션은 브라질, 인도, 태국 등 설탕 원료인 사탕수수를 생산하는 주요 산지에서 폭염이나 폭우 등 이상 기후로 인해 농작물이 잘 자라지 못하는 것이 원인이 돼요.

특히 러시아와 우크라이나의 전쟁으로 인해 에너지 가격이 올라가자, 세계 최대 설탕 생산국인 인도가 사탕수수를 설탕 대신 에탄올을 만드는 데 쓰면서 설탕 공급이 줄어들기도 했어요. 비슷하게는 원유 가격이 올라 우유나 유제품의 가격이 함께 오르는 현상인 밀크플레이션도 있어요.

No.54

똥 눌 때 보는 신문 경제

글 김선 그림 이혜원 펴낸 곳 삼성출판사 주소 서울시 서초구 명달로 94 전화 080-470-3000 등록 번호 제 1-276호 홈페이지 www.mylittletiger.com 삼성출판사
이 책에 실린 글과 그림을 무단으로 복사, 복제, 배포하는 것은 저작권자의 권리를 침해하는 것입니다. ⓒ삼성출판사

경제 이야기   **01**
메타버스로의 초대

그림 한자 사전   **02**
복 복(福)

문해력이 저절로
1,330번 아웃당한 베이브 루스

LAUGH & LEARN   **03**
As the twig is bent,
so grows the tree

도전! 사고력왕

똥 눌 때 보는 만화   **04**
증강 현실

메타버스로의 초대

경제 뭉치

① 메타버스는 가상 세계가 아닌 현실 세계를 말해요. (O/X)

② 메타버스에서는 아바타를 이용해 실시간으로 게임을 할 수 있어요. (O/X)

③ VR 기기를 사용해도 현실 같은 생생함을 느끼기는 어려워요. (O/X)

X/O/X | 납정

우주 너머 존재하는 가상 세계

'메타버스(metaverse)'는 '메타(가상, 실제처럼 보이지만 존재하지 않는 현상)'와 '유니버스(우주)'가 합쳐진 말로, 3D 가상 세계를 말해요. 즉, 우리가 생활하고 있는 현실 세계가 아닌 웹상에서의 가상 현실을 뜻하지요.

이곳에서는 나를 대신하는 아바타를 이용해 실시간으로 게임을 하거나 대화하고 일을 할 수도 있어요. 이뿐만 아니라 가상의 교실에서 수업을 듣거나 직접 가지 않고도 박물관이나 유명 관광지를 체험할 수 있지요. 특히 VR(가상 현실) 기기를 사용하면 현실에 있는 것 같은 생생한 경험도 할 수 있어요.

메타버스는 정보 통신 기술이 발달하고 COVID-19 팬데믹 상황 속 비대면 활동이 늘어나면서 우리의 일상에 자연스레 스며들었어요. 이러한 추세는 앞으로도 계속될 것으로 보여요.

그림 한자 사전

福

복 복

풀이 | 복, 행복
필순 | 福福福福福福福福福福福福

- 福祉 복지 | 행복한 삶
- 多福 다복 | 복이 많음

풀다 보면 논리력이 저절로

🟫 물음표에 들어갈 알맞은 숫자를 찾아보아요.

1 2 4
8 16 ?

① 32   ② 24   ③ 20

① | 쥐양

읽다 보면 문해력이 저절로 – 세계사

1,330번 아웃당한 베이브 루스

'홈런왕' 베이브 루스는 어려서부터 문제아로 낙인찍혔어요. 아버지는 그런 아들을 문제 아동만 다니는 학교로 보냈지요. 마침 그 학교에는 야구를 좋아하는 신부님이 있었어요. 신부님은 덩치도 크고 뚝심 있어 보이는 베이브 루스에게 물었지요.
"너, 야구를 한번 해 보지 않겠니?"
그러자 베이브 루스는 별생각 없이 해 보겠다고 말했어요. 이후 또래보다 덩치가 훨씬 컸던 베이브 루스는 그 지역에서 아무도 당해 낼 수 없는 왼손잡이 청소년 야구 선수가 되었어요. 하지만 야구는 만만한 운동이 아니었어요. 베이브 루스는 시합에서 무려 1,330번이나 아웃을 당했거든요. 감독에게 혼이 난 베이브 루스는 연습을 게을리한 탓이라 생각해 그날부터 매일매일 새벽까지 야구 방망이를 휘두르며 피나는 연습을 했어요. 그 결과, 마침내 홈런왕의 자리에 오를 수 있었답니다.

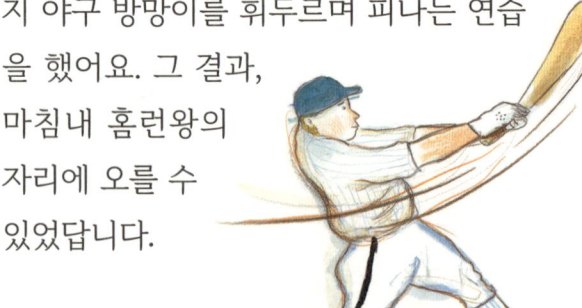

LAUGH & LEARN

As the twig is bent, so grows the tree

모든 새싹은 처음 땅에서 나올 때 하늘을 향해 곧게 자라요. 그러나 어떤 싹은 주변 환경 때문에 휘기도 하지요. 한번 휘어서 자란 가지는 결국 기울어진 나무로 자랍니다. '될성부른 나무는 떡잎부터 알아본다'라는 속담과 비슷한 뜻이지요.

As the twig is bent, so grows the tree

비뚤어진 나뭇가지는 나무를 휘게 만든다

도전! 사고력왕 - 속담

🟫 자신의 세상만 알고, 넓은 세상의 형편은 모르는 사람을 이르는 말은?

 안 개구리

똥 눌 때 맞춤법!

표지판을 손으로
① 가르쳐 볼래?
② 가리켜 볼래?

똥 눌 때 보는 만화 – 증강 현실

- **증강 현실** | 현실 배경이나 이미지에 3D 이미지를 겹쳐서 마치 실제로 존재하는 것처럼 보여 주는 기술이에요.
- **아바타** | 가상 현실에서 자신의 분신을 의미하는 이미지를 말해요.

탈무드 속 경제 이야기

허풍을 치려면 제대로 쳐라

영국에서 섬유 공업이 가장 발달한 도시는 요크셔에 있는 리즈이고, 폴란드에서 섬유 공업이 가장 발달한 도시는 중부의 우치예요.
어느 날, 리즈와 우치 두 도시에 사는 유대인이 서로 만났어요. 먼저 리즈에 사는 유대인이 자랑스러운 표정으로 말했어요.

"우리 고장의 옷감 공장은 참 대단합니다. 최신식 기계를 갖추고 있어서 양털을 기계에 넣기만 하면 다 만들어진 양복이 나온답니다."
그러자 그 허풍을 들은 우치에 사는 유대인이 웃으면서 말했어요.
"듣고 보니 그곳의 기계는 이미 낡은 것이군요. 우리 고장의 기계야말로 아주 최신식이랍니다. 양털을 넣으면 금방 돈이 되어서 나오거든요."

No.55

똥 눌 때 보는 신문 경제

경제 이야기 01

꼭 사야 할까?
나눠 쓰면 되지!

그림 한자 사전 02
건강할 건(健)

문해력이 저절로
도시야, 박물관이야?

LAUGH & LEARN 03
A loaf of bread is better than the song of many birds

도전! 사고력왕

똥 눌 때 보는 만화 04
공유 경제

꼭 사야 할까? 나눠 쓰면 되지!

경제 뭉치

① 공유 경제는 물건을 서로 빌려 쓰는 것을 말해요. (O/X)

② 내가 소유하고 있는 것을 공유, 대여, 교환함으로써 수익을 낼 수 있어요. (O/X)

③ 물건을 빌려 쓰고 깨끗이 돌려 줘야 해요. (O/X)

O/O/O | 답윤

함께 누리는 경제, 공유 경제

'공유 경제'란 물건을 직접 소유하지 않고 서로 빌려 쓰는 경제 활동을 말해요. 인터넷과 SNS의 발달로 시공간의 제약이 없어진 것이 가장 큰 이유예요. 내가 소유하고 있는 것을 다른 사람과 공유, 대여, 교환함으로써 수익도 낼 수 있지요.

예를 들어, 내 집과 자동차를 안 쓰는 시간에 다른 사람에게 빌려줄 수 있어요. 집을 빌려주는 '에어비앤비'와 자동차를 공유하는 '쏘카' 서비스는 가장 대표적인 공유 경제예요. 여러분이 가지고 있는 책, 장난감, 자전거도 공유할 수 있어요. 물건을 사지 않고 필요할 때만 잠시 사용하면 경제적으로 이득이 되기 때문에 많은 사람이 이용하고 있어요.

이렇듯 물건을 공유하는 것은 환경을 보호하는 데도 도움이 돼요. 다만 빌려 쓰는 사람이 물건을 소중히 사용해야 공유 경제가 지속적으로 유지되겠지요?

그림 한자 사전

健
건강할 건

풀이 | ①건강하다 ②굳세다 ③매우
필순 | 健 健 健 健 健 健 健 健 健 健 健

- 健康 건강 | 몸이 튼튼하고 병이 없음
- 健全 건전 | 건실하고 완전함

풀다 보면 논리력이 저절로

> 위에서 내려다본 그림으로 알맞은 것을 찾아보아요.

ⓒ | 윤두

읽다 보면 문해력이 저절로 - 세계 문화유산

도시야, 박물관이야?

이탈리아 중부에 위치한 피렌체는 꽃을 뜻하는 'Flore'에서 이름이 유래되어 꽃의 도시라는 별명이 있는 곳이에요. 아름답기로 유명한 산타 마리아 델 피오레 성당의 돔부터 미켈란젤로가 조각한 〈다비드 조각상〉, 레오나르도 다빈치의 〈수태고지〉와 보티첼리의 〈비너스의 탄생〉이 걸려 있는 우피치 미술관까지 도시 전체가 박물관이라고 해도 과언이 아니에요. 1982년, 유네스코는 피렌체 역사 지구를 세계 유산으로 지정하여 보존하고 있지요.

피렌체가 이렇게 예술과 문화의 도시로 자리매김하게 된 데에는 메디치 가문의 영향이 컸어요. 르네상스 당시 피렌체를 통치하던 메디치 가문의 로렌초가 당대 유명한 화가들에게 작품을 의뢰하며 피렌체는 예술과 문화의 중심지가 되었고, 꽃의 도시라는 이름에 걸맞은 위대한 유산을 갖게 되었답니다.

산타 마리아 델 피오레 성당

LAUGH & LEARN

A loaf of bread is better than the song of many birds

배가 아주 고픈 상황에서는 아무리 근사한 풍경을 봐도 감흥이 없겠지요? 말 그대로 배고플 때에는 수많은 새들이 아름답게 지저귀는 것보다 빵 한 덩어리가 낫다는 말이에요. 같은 의미의 우리 속담으로는 '금강산도 식후경'이라는 말이 있지요.

A loaf of bread is better than the song of many birds

한 덩어리의 빵이 수많은 새의 지저귐보다 낫다

도전! 사고력왕 – 난센스

 석유의 유통 기한은?

정답 | 오일(5일)

똥 눌 때 맞춤법!

명절은 잘
① 쇠었니?
② 세었니?

정답 | ①

똥 눌 때 보는 만화 – 공유 경제

💩 **숙박 공유 서비스** | 집주인이 사용하지 않거나 빈방이 있을 때 여행객에게 집을 빌려주고 돈을 받는 서비스를 말해요. 대표적인 플랫폼으로 에어비앤비가 있어요. 단, 우리나라에서는 외국인 여행객에 한해 이용이 가능하며, 내국인 이용 허가에 대해서는 논의 중이에요.

똑똑해지는 경제 용어

하우스 푸어

'하우스 푸어(house poor)'란 무리하게 돈을 빌려서 집을 구매해 그 빚을 갚느라 생활이 어려운 사람을 뜻하는 말이에요. 특히 주택 가격이 오를 때 은행에서 많은 돈을 빌려 집을 산 이들은 금리가 높아지고 주택 가격이 떨어지자 큰 손해를 보고 있지요. 즉, 집을 사느라 가난해진 거예요. 이와 비슷한 사례로 '카 푸어(car poor)'가 있어요. 자산이나 소득에 비해 비싼 차를 구입해 일상에 어려움을 겪는 사람을 가리키지요.

이처럼 과도한 소비로 대출 이자에 대한 부담이 커질수록 제때 이자를 내지 못하는 사람이 늘어나 사회적 문제가 되고 있답니다.

No.56

똥 눌 때 보는 신문 경제

경제 이야기 01

나라의 경제를 건 눈치 싸움

그림 한자 사전 02
세울 건(建)

문해력이 저절로
어둠을 몰아내는 희망의 빛

LAUGH & LEARN 03
Many drops make an ocean

도전! 사고력왕

똥 눌 때 보는 만화 04
WCO(세계 관세 기구)

나라의 경제를 건 눈치 싸움

나라 간 무역을 중재하는 국제 기구

나라끼리 서로 물건을 사고파는 무역을 할 때도 규칙이 필요해요. 이 규칙을 잘 지키는지 확인하는 국제 기구가 WTO(세계 무역 기구)예요. 우리나라는 1995년 1월 1일 WTO에 가입했으며, 현재 160개 이상의 나라가 회원국으로 참여하고 있어요.

WTO에 가입한 나라들은 무역을 할 때 나라끼리 자유롭고 공정한 거래가 진행되기를 바라요. 무역이 활발하게 이루어지면 경제가 성장하고, 일자리가 늘어나기 때문에 국민의 생활 수준도 높아지지요.

다만 조금도 손해를 보기 싫어서 불합리한 조건을 내세우거나 억지 주장을 하면 나라 사이에 다툼이 일어나기도 해요. 이런 일이 생겼을 때 나라 간 무역을 중재해 주는 기구가 바로 WTO예요. WTO의 의사 결정은 합의를 통해 이루어지며, 합의가 어려울 경우 다수결 원칙을 따르고 있어요.

경제 뭉치

① WTO는 회사 간의 다툼을 중재하는 기구예요. (O/X)

② 우리나라는 1995년 1월 1일 WTO에 가입했어요. (O/X)

③ 무역을 할 때 조금도 손해를 보지 않으려 하면 나라 간에 다툼이 일어나기도 해요. (O/X)

정답 | X/O/O

그림 한자 사전

建

세울 건

풀이 | ①세우다 ②일으키다 ③짓다
필순 | 建建建建建建建建

- 建國 건국 | 나라를 세움
- 建物 건물 | 사람이 살거나 일하는 집

풀다 보면 논리력이 저절로

🟤 다음 그림을 보고 알맞은 짝을 찾아보아요.

| 정답

읽다 보면 문해력이 저절로 – 명화

어둠을 몰아내는 희망의 빛

어둠이 내려앉은 깊은 밤, 달이 환하게 빛나고 구름은 파도처럼 넘실거려요. 노랗고 하얀 별에서 뿜어 나오는 별빛은 둥글게 둥글게 맑은 밤하늘을 채우고 있지요. 그림의 왼쪽에 우뚝 선 사이프러스나무는 요동치는 밤하늘을 조용히 바라보고 있어요.

몸과 마음이 지친 고흐는 요양원에 입원했을 때 이 그림을 그렸어요. 어느 날은 밝은 희망을 품었다가, 또 어느 날은 깊은 어둠에 빠져들곤 했지요. 고흐는 그렇게 소용돌이치는 감정을 그림으로 담아냈어요. 밝은 파랑으로 밤을 표현하고, 빛나는 노랑으로 곳곳을 채우며 희망을 놓지 않으려고 노력한 그의 마음이 잘 느껴지지 않나요?

별이 빛나는 밤 | 737×921mm | 1889년 | 뉴욕 현대미술관

LAUGH & LEARN

Many drops make an ocean

깊고 넓은 바다도 따지고 보면 한 방울 한 방울의 물방울이 모인 곳이에요. 이처럼 작은 노력이나 행동이 쌓이면 큰 성과를 이룰 수 있지요. 작은 돈이라도 모으다 보면 태산같이 큰돈이 된다는 의미의 '티끌 모아 태산'이라는 속담과 같은 뜻이에요.

Many drops make an ocean
많은 물방울이 모여 바다를 만든다

도전! 사고력왕 – 사자성어

🟫 죽을 고비를 여러 번 넘기고 간신히 목숨을 건진다는 말은?

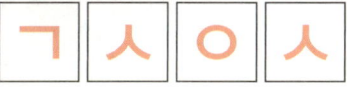

똥 눌 때 맞춤법!

출입을
① 일절 ② 일체
금지시켰어.

똥 눌 때 보는 만화 – WCO(세계 관세 기구)

🐾 **WCO** | 세계 관세 기구(World Customs Organization)의 약자로, 관세와 관련한 문제를 다루는 기관이에요. 국제 무역의 원활한 운영을 위해 노력하고 있어요.

설화 속 경제 이야기

제주 거상 김만덕

조선 시대, 제주도에서 태어난 만덕은 어려서 부모를 잃고 어렵게 살았어요. 하지만 그녀는 장사하는 능력이 뛰어났어요. 객주(다른 지역에서 온 상인에게 머물 곳을 제공해 주고, 물건을 맡아서 팔거나 거래하게 하는 곳)를 만들어 제주도 물품과 육지 물품을 서로 사고팔 수 있게 하는 유통업을 운영하며 큰돈을 벌었지요.

수십 년 사이에 큰 부자가 된 거상(규모가 큰 장사를 하는 사람) 만덕은 1795년, 제주도에 흉년이 들어 굶어 죽는 사람이 많아지자, 자신의 전 재산을 털어 육지에서 쌀을 사 와 사람들을 구해 냈어요. 나라에서도 못한 일을 만덕이 해내면서 그녀는 지금까지도 뛰어난 기업가이자 자선 사업가로 기억되고 있어요.

No.57

똥 눌 때 보는 신문 - 경제

경제 이야기 01

온실가스의 주범, 탄소를 잡아라!

그림 한자 사전 02
볼 견 / 뵐 현 (見)

문해력이 저절로
조선을 구한 이순신 장군

LAUGH & LEARN 03
I've got bigger fish to fry

도전! 사고력왕

똥 눌 때 보는 만화 04
에너지 캐시백

온실가스의 주범, 탄소를 잡아라!

경제 뭉치

① 휘발유 자동차를 타면 이산화탄소가 발생하지 않아요. (O/X)

② 이산화탄소는 온실 효과의 주범으로 지구의 기후 변화를 일으키는 물질이에요. (O/X)

③ 탄소세를 부과하면 사람들은 조금 더 친환경적인 것을 선택할 거예요. (O/X)

정답 | X/O/O

환경을 보호하는 세금, 탄소세

우리가 많이 사용하는 석유와 석탄 같은 화석 연료는 탈 때 이산화탄소가 발생해요. '온실 효과'라는 말을 들어 봤나요? 태양의 열이 대기 밖으로 나가지 못하는 현상을 말하는데, 이산화탄소가 바로 열 배출을 막는 주범이자 지구의 기후 변화를 일으키는 물질이에요.

지구 온도가 높아지면서 빙하가 녹고 해수면이 상승하며 산불이나 열대야 등 다양한 기후 위기와 맞닥뜨리게 되었어요. 그래서 전 세계 각국이 함께 모여 문제를 해결하기 위해 '탄소세'를 부과하기로 합의했지요. 화석 연료를 사용한 후 발생하는 이산화탄소만큼 세금을 내기로 한 거예요.

이렇게 탄소세를 부과하기로 약속한 뒤, 사람들은 세금을 줄이려고 조금 더 친환경적인 것을 선택하기 시작했어요. 따라서 탄소세는 환경을 보호하는 세금인 셈이지요.

2

그림 한자 사전

볼 **견** / 뵐 **현**

풀이 | ①보다 ②의견 ③뵙다
④나타나다

필순 | 見 見 見 見 見 見 見

- 見聞 견문 | 보고 들음
- 見學 견학 | 실제로 보고 지식을 넓힘

풀다 보면 논리력이 저절로

🟤 물음표에 들어갈 알맞은 숫자를 써 보아요.

읽다 보면 문해력이 저절로 – 한국사

조선을 구한 이순신 장군

1592년, 20만 명의 일본군이 조선을 침략해 임진왜란이 발생했어요. 전쟁이 일어나고 얼마 뒤, 당시 조선의 임금이던 선조는 일본군을 피해 북쪽으로 피란을 떠났어요. 그 후 일본은 한양(지금의 서울)을 손쉽게 점령하고 조선을 위협했지요.

그때 이순신 장군이 나타나, 뛰어난 전술로 바다에서 일본군을 연달아 격파했어요. 백성들도 의병을 일으켜 일본에 맞섰지요. 해전에서 잇따른 승리를 거둔 이순신은 한산도 대첩과 명량 대첩에서 왜선을 대거 격파하며 조선을 지켜냈어요. 하지만 1598년, 후퇴하는 일본군과 싸우던 이순신 장군은 포탄을 맞고 전사하고 말았어요. 이순신 장군이 숨을 거둔 이 전투를 노량 해전이라고 해요.

보는신문

LAUGH &LEARN

I've got bigger fish to fry

내 일만으로도 바쁜 때에 친구가 도와 달라고 하면 곤혹스러울 수 있어요. 이때 나에게는 더 중요한 일이 있다고 말하면서 이 표현을 쓸 수 있어요. 우리 속담 중 '내 코가 석 자'라는 말과 같은 뜻이지요.

I've got bigger fish to fry
내가 튀겨야 할 생선이 네 것보다 크다

도전! 사고력왕 – 관용어

💩 실없이 행동하거나 지나치게 웃어 대는 사람을 가리켜 하는 말은?

ㅎ ㅍ 에 바람이 들다

정답 | 허파에 바람이 들다

똥 눌 때 맞춤법!

오늘 밥값은
① 일절 ② 일체
사장님이 낸대.

정답 | ②

똥 눌 때 보는 만화 - 에너지 캐시백

(만화)

🪨 **에너지 캐시백** | 에너지 사용을 줄이거나 에너지를 효율적으로 사용함으로써 그에 맞는 금액을 되돌려주는 제도를 말해요. 절약한 에너지 양에 따라 되돌려받는 금액이 달라져요.

똑똑해지는 경제 용어

패닉 바잉

'패닉 바잉'은 극심한 공포를 뜻하는 '패닉(panic)'과 구매를 뜻하는 '바잉(buying)'이 합쳐진 말이에요. 전쟁이나 전염병 유행 등으로 물건 가격이 급격히 오르거나 공급이 부족할 거라는 불안감에 무리해서 많은 물건을 미리 사들이는 것을 말해요.

사람은 대부분 물건을 구매할 때 제품의 품질과 가격을 고려해 살 것인지 말 것인지를 합리적으로 결정하지만, 패닉 바잉 상황에서는 불안감과 군중 심리의 영향으로 가격과 상관없이 최대한 많은 물건을 사 두려고 해요. 이렇게 되면 시장에서 비정상적으로 수요가 많아지면서 가격이 폭등하게 돼요. 이렇게 패닉 바잉으로 인해 가격이 크게 상승하는 시장을 '패닉 마켓'이라고 하지요.

No.58

똥 눌 때 보는 신문 경제

글 김선 그림 이혜원 펴낸곳 삼성출판사 주소 서울시 서초구 명달로 94 전화 080-470-3000 등록 번호 제 1-276호 홈페이지 www.mylittletiger.com 삼성출판사
이 책에 실린 글과 그림을 무단으로 복사, 복제 배포하는 것은 저작권자의 권리를 침해하는 것입니다. ©삼성출판사

경제 이야기　01

지구 반대편 전쟁이 나에게 미치는 영향

그림 한자 사전　02
맺을 결(結)

문해력이 저절로
태양이 지는 도시

LAUGH & LEARN　03
The man who chases two rabbits catches neither

도전! 사고력왕

똥 눌 때 보는 만화　04
세계 식량의 날

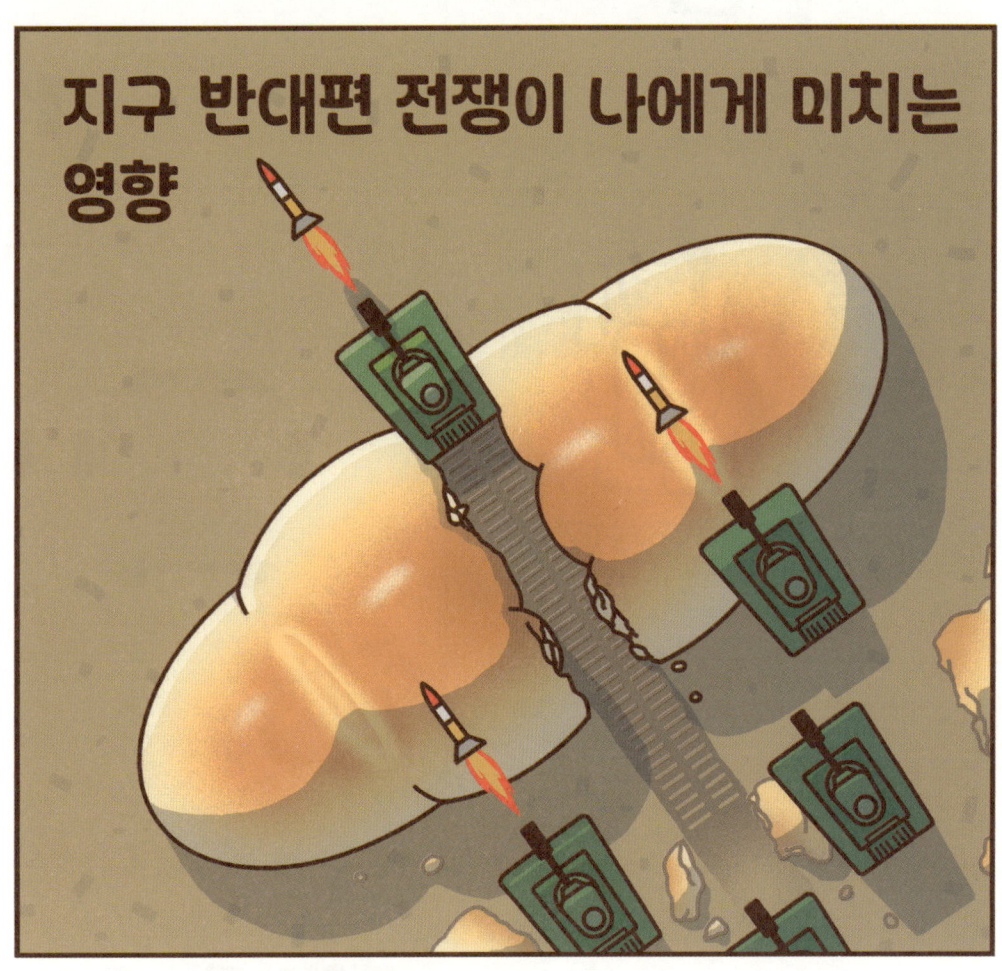

지구 반대편 전쟁이 나에게 미치는 영향

경제 뭉치

① 러시아와 우크라이나의 전쟁은 다른 나라의 식량 문제와 전혀 관계가 없어요. (O/X)

② 우크라이나는 세계 최대의 쌀 수출국이에요. (O/X)

③ 우크라이나 곡물을 수입하던 나라들은 식량 위기를 겪게 되었어요. (O/X)

O/X/X | 답정

흑해 곡물 수출 협정, 어떻게 될까?

지난 2022년 이후 러시아와 우크라이나의 전쟁이 길어지면서 식량 위기가 발생했어요. 우크라이나는 세계 최대의 밀 수출국이자 옥수수와 해바라기씨유를 수출하는 나라예요. 이 곡물의 95%를 실어 나르는 통로인 '흑해'가 전쟁으로 막히자 전 세계가 식량 위기에 이르렀어요.

다른 나라에서도 곡물을 수출하지만, 전쟁이 발생하면 교통도 막히고 자기 나라를 먼저 챙기려고 하기 때문에 곡물을 수입하던 나라는 큰 위기에 빠지게 돼요. 이로 인해 우크라이나 곡물을 주로 수입하던 일부 나라에서는 곡물 가격이 30% 이상 폭등하며 어려워졌어요. 이에 유엔과 튀르키예의 중재 아래 '흑해 곡물 수출 협정'을 체결해 한시적으로 우크라이나에서 곡물을 수출하기도 했어요. 하지만 2023년 7월에 협정이 종료되며 다시 한번 식량 위기에 빨간 불이 켜졌어요.

그림 한자 사전

結

맺을 **결**

풀이 | ①맺다, 묶다 ②매듭
필순 | 結 結 結 結 結 結 結 結 結 結

- 結論 결론 | 끝맺는 말이나 글
- 結婚 결혼 | 시집가고 장가듦

풀다 보면 논리력이 저절로

💩 다음 그림을 보고 똑같은 것을 찾아보아요.

정답 | ②

읽다 보면 문해력이 저절로 – 세계 문화유산

태양이 지는 도시

고대 이집트 사람은 죽은 다음의 세계를 중요하게 여겼어요. 그래서 계단식 피라미드가 있는 '사카라' 지역, 굴절 피라미드와 붉은 피라미드가 넋을 빼앗는 '다슈르' 지역 등 네크로폴리스(묘지) 건설에도 열을 올렸어요. 그중 가장 유명한 곳은 스핑크스가 있는 '기자'의 피라미드랍니다.
피라미드는 세상을 떠난 파라오의 시체를 묻은 무덤이에요. 파라오는 고대 이집트의 최고 통치자를 말해요. 고대 이집트 사람들은 파라오의 영혼이 낮이면 천국에서 즐겁게 노닐다, 밤이면 피라미드에 돌아와 편히 쉰다고 생각했어요. 만약 시체가 망가지거나 없어지면 영혼은 길을 잃어버리게 되고, 더 이상 천국의 행복을 누릴 수 없다고 믿었지요. 그래서 시체를 꼭꼭 숨기기 위해 피라미드 안을 미로처럼 만들고, 함정과 비밀 문을 설치했답니다.

이집트 피라미드

LAUGH & LEARN

The man who chases two rabbits catches neither

어떤 일을 하든 한 가지 일을 끝까지 해야 성공할 수 있어요. 지나치게 일을 벌여 놓거나 하던 일을 자주 바꾸면 원하는 성과를 얻기 어렵지요. 즉, 한 가지 일을 꾸준히 하라는 의미로, '우물을 파도 한 우물을 파라'라는 우리 속담과 같은 뜻이에요.

The man who chases two rabbits catches neither
두 마리의 토끼를 쫓는 사람은 한 마리도 잡지 못한다

도전! 사고력왕 - 난센스

🟤 해가 우는 곳은?

ㅎ ㅇ ㄷ

똥 눌 때 맞춤법!

토끼는
① 깡총깡총
② 깡충깡충
뛰어갔어.

똥 눌 때 보는 만화 – 세계 식량의 날

🟫 **세계 식량의 날** | 매년 10월 16일, 우리나라를 포함해 세계 150여 개 국가가 굶주림으로 고통받는 사람들을 위해 다양한 행사와 봉사 활동을 하고 있어요. 유엔에 따르면, 2023년 기준 전 세계 기아 인구가 약 7억 3,000만 명에 달한답니다.

세계 경제 위인

시골 농장으로 간 빌 게이츠

빌 게이츠는 세계적 회사 '마이크로소프트'의 창업주예요. 지금은 은퇴했지만 여전히 세계적인 부자로 손꼽히지요. 그런 빌게이츠가 한창 일하던 때, 1년에 두 번 아주 작은 농장을 찾아갔다고 해요. 침대와 식탁, 컴퓨터밖에 없는 작은 방에서 일주일간 아주 소박하게 지냈다고 하지요. 식사도 샌드위치나 수프, 커피가 전부였고 일을 도와주는 사람도 식사를 가져다주는 할머니뿐이었어요.

빌 게이츠는 그곳에서 혼자 조용히 생각하는 시간을 가졌어요. 그리고 전 세계 직원들이 쓴 보고서를 확인하며 자신의 의견을 덧붙여 회신하기도 했어요. 이 시간을 통해 빌 게이츠는 앞으로 어떻게 회사를 이끌어 갈지 생각하고 고민했던 것이지요. 빌 게이츠가 계속해서 성장하는 큰 회사를 이끌어 갈 수 있었던 것은 바로 이 '생각 주간' 덕분이랍니다.

No.59

똥 눌 때 보는 신문 경제

글 김선 그림 이혜원 펴낸 곳 삼성출판사 주소 서울시 서초구 명달로 94 전화 080-470-3000 등록 번호 제 1-276호 홈페이지 www.mylittletiger.com
이 책에 실린 글과 그림을 무단으로 복사, 복제 배포하는 것은 저작권자의 권리를 침해하는 것입니다. ©삼성출판사

경제 이야기   **01**

꽁꽁 얼어붙은 소비

그림 한자 사전   **02**
다툴 경(競)

문해력이 저절로
디즈니와 미키 마우스

LAUGH & LEARN   **03**
Look before you leap

도전! 사고력왕

똥 눌 때 보는 만화   **04**
자원의 무기화

꽁꽁 얼어붙은 소비

경기 침체 속 물가 상승

노벨 경제학상을 수상한 미국 컬럼비아 대학교 교수 조지프 스티글리츠는 2024년에 미국 경제의 '스태그플레이션'을 경고했어요. 스태그플레이션이란 경기 침체 속에서 지속적으로 물가가 올라 사람들의 생활이 힘들어지는 상황을 말해요.
같은 물건인데 가격이 계속 비싸지니 사람들의 소비 심리가 위축되고, 점점 소비를 하지 않게 되지요. 경제가 좋지 않으니 기업은 사람을 고용하지 않고, 사람들의 일자리는 점점 줄어들어요. 이로 인해 다시 가정의 경제가 어려워지는 악순환이 반복된답니다.
이러한 스태그플레이션을 막기 위해서는 정부 차원의 노력과 빠른 대처가 중요해요. 이와 반대되는 이상적 경제 상황은 '골딜록스'예요. 골딜록스 상태에선 경제는 성장하고, 물가는 오르지 않기 때문에 모두가 행복하지요.

경제 뭉치

① 스태그플레이션이란 경제가 좋아져 물가가 오르는 것을 말해요. (O/X)

② 같은 물건이 계속 비싸지면 사람들의 소비 심리는 위축돼요. (O/X)

③ 사람들은 스태그플레이션 상황을 가장 좋아해요. (O/X)

정답 | X/O/X

그림 한자 사전

競

다툴 경

풀이 | ①다투다 ②겨루다
필순 | 競競競競競競競競競競競競競競競競競競競競

- 競爭 경쟁 | 서로 이기려고 다툼
- 競走 경주 | 빠르기를 겨루는 달리기

풀다 보면 논리력이 저절로

💩 악어가 짝을 만날 수 있도록 길을 찾아보아요.

읽다 보면 문해력이 저절로 – 세계사

디즈니와 미키 마우스

1920년 어느 날, 한 청년이 어깨를 축 늘어뜨린 채 여기저기 걷고 있었어요. 그때 지나가던 목사가 다가와 왜 그렇게 떠돌고 있는지 물었어요. 청년은 출판사에 만화 원고를 들고 가 일자리를 구했지만, 번번이 거절당했다며 속상해했어요. 이에 목사는 청년이 일자리를 구할 때까지 교회 창고에서 지낼 수 있도록 해 주었어요. 창고는 허름했지만 오갈 데 없던 청년이 지내기에는 충분했지요.

그런데 창고에는 쥐가 많았어요. 찍찍거리며 이리저리 돌아다니는 쥐를 바라보던 청년은 갑자기 손뼉을 딱 쳤어요.
"그래, 바로 이거야!"
청년은 쥐를 주인공으로 한 만화를 그리기 시작했어요. 그리고 출판사에 찾아가 그 만화를 보여 주었지요.
"하하하, 이거 재미있는걸!"
그 만화 속 주인공이 바로 전 세계적으로 사랑받는 미키 마우스였어요. 청년의 이름은 월트 디즈니이고요. 그 뒤 월트 디즈니는 세계적인 애니메이션 제작사를 차리게 된답니다.

보는신문

LAUGH & LEARN

Look before you leap
높은 곳에서 뛰어내릴 때, 신중하게 주변을 둘러보고 움직여야 해요. 이는 어떤 일을 하기 전에 충분히 생각하고 신중하게 행동하라는 뜻을 갖고 있지요. 비슷한 우리 속담으로는 '돌다리도 두들겨 보고 건너라'라는 말이 있어요.

Look before you leap
뛰어내리기 전에 잘 살펴라

도전! 사고력왕 – 사자성어

🟤 바람 앞의 등불이라는 뜻으로, 매우 위태로운 처지를 이르는 말은?

| ㅍ | ㅈ | ㄷ | ㅎ |

똥 눌 때 맞춤법!

사람들이
① 수근거렸어.
② 수군거렸어.

똥 눌 때 보는 만화 - 자원의 무기화

> **자원의 무기화** | 국가가 가진 자원을 이용해서 이익을 추구하거나 다른 나라에 압박을 가하는 행위를 말해요. 이때 자원이 부족해 다른 나라에 의존하는 비중이 높은 나라는 피해를 볼 수밖에 없지요.

똑똑해지는 경제 용어

파노폴리 효과

'파노폴리(panoplie)'는 프랑스어로 '세트(set)', '하나의 집단'을 뜻하는 말로, '파노폴리 효과'란 어떤 상품을 소비함으로써 그것을 소비할 거라고 생각하는 집단에 자신도 속해 있다고 믿는 현상을 말하지요. 예를 들어, 명품 쇼핑을 즐기거나 유명 연주회에 참석함으로써 자신이 이런 소비를 할 수 있는 계층임을 보여 주려는 것과 비슷하답니다. 이러한 현상은 소비를 통해 자신의 지위나 영향력을 드러내고 싶은 욕구에서 비롯되는 거예요. 베블런 효과가 주로 상류층의 소비 양상을 보여 준다면, 파노폴리 효과는 상류층이 되고 싶어 하는 사람들의 소비 양상을 보여 준다는 점에서 차이가 있어요.

No.60

글 김신 그림 이혜원 펴낸 곳 삼성출판사 주소 서울시 서초구 명달로 94 전화 080-470-3000 등록 번호 제 1-276호 홈페이지 www.mylittletiger.com
이 책에 실린 글과 그림을 무단으로 복사, 복제, 배포하는 것은 저작권자의 권리를 침해하는 것입니다. ©삼성출판사

삼성출판사

똥 눌 때 보는 신문 경제

경제 이야기 01

마스크를 벗고 엔데믹으로!

그림 한자 사전 02
구원할 구(救)

문해력이 저절로
자유와 평등을 외치다

LAUGH & LEARN 03
Too many cooks spoil the soup

도전! 사고력왕

똥 눌 때 보는 만화 04
COVID-19

마스크를 벗고 엔데믹으로!

팬데믹에서 엔데믹으로 변화

전염병이 전 세계적으로 확산되어 여러 나라에서 동시에 일어나는 현상을 '팬데믹(pandemic)'이라고 해요. 예전에는 특정 지역과 나라에서만 전염병이 돌았다면 이제는 사람들이 세계 곳곳을 자유롭게 돌아다니게 되면서 전염병도 금세 여러 나라로 퍼지게 되었어요.

전세계는 2020년부터 약 3년간 COVID-19 팬데믹을 겪었어요. 많은 사람이 한꺼번에 바이러스에 감염되면서 학교와 회사가 문을 닫았고, 외출 제한이나 격리 상태에까지 이르렀어요. 한동안 경기 침체를 경험하기도 했지요.

다행히 사회적 거리 두기와 백신 접종, 철저한 위생 관리 등을 통해 2023년 5월에 팬데믹이 종료되었어요. 이제는 팬데믹이 아닌 엔데믹(endemic, 특정 지역 안에서 주기적으로 발생하는 전염병) 단계로 전환되었어요.

경제 뭉치

① 전염병이 우리나라에만 발생하는 것을 팬데믹이라고 해요. (O/X)

② 사람들이 해외여행을 다니면 전염병은 더 빠르게 퍼질 수 있어요. (O/X)

③ COVID-19를 막기 위해 사회적 거리 두기와 백신 접종이 이루어졌어요. (O/X)

정답 | X/O/O

그림 한자 사전

救

구원할 **구**

풀이 | ①구원하다, 구하다 ②돕다
필순 | 救 救 救 救 救 救 救 救 救 救 救

- 救急 구급 | 위급한 상황에서 구해 냄
- 救援 구원 | 위험에 처한 사람을 구함

풀다 보면 논리력이 저절로

 빈칸에 들어갈 알맞은 모양을 찾아보아요.

정답 | ⓒ

읽다 보면 문해력이 저절로 – 세계 문화유산

자유와 평등을 외치다

현재 미국의 수도는 워싱턴 D.C.예요. 그렇다면 미국의 독립 기념관이 있는 임시 수도는 어디였을까요? 정답은 워싱턴 D.C. 이전에 10년간 미국의 수도였던 '필라델피아'랍니다.

과거에 미국은 영국의 식민지였어요. 식민지란 자유를 빼앗기고 다른 나라의 지배를 받는 나라를 말하는데, 우리나라도 1910년부터 1945년 광복이 되기까지 약 36년간 일본의 식민지였던 아픈 역사가 있지요.

1776년, 미국 식민지 사람들이 모여 한목소리로 독립을 외쳤어요. 필라델피아의 독립 기념관에서 '독립 선언서'를 발표한 것이지요. 그 뒤 식민지 사람들은 수년 동안 독립국으로 인정받기 위해 용감히 싸웠어요. 마침내 1783년에 완전한 독립국으로 인정받으며 미합중국이 탄생했지요. 미국의 독립 기념관에 가면 하얀 시계탑이 돋보이는 빨간 벽돌 건물과 미국 독립의 상징인 '자유의 종'을 볼 수 있어요.

필라델피아 독립 기념관

LAUGH &LEARN

Too many cooks spoil the soup

한 가지 요리를 여러 명의 요리사가 한다면 어떻게 될까요? 서로 자기 방식대로 하다가 수프처럼 간단한 요리도 망치고 말 거예요. 이처럼 여럿이 자기 주장만 내세우면 일을 망치기 쉬워요. '사공이 많으면 배가 산으로 간다'라는 속담도 같은 뜻이지요.

Too many cooks spoil the soup
요리사가 많으면 수프를 망친다

도전! 사고력왕 – 속담

작은 것이라도 모으다 보면 큰 것이 될 수 있음을 이르는 말은?

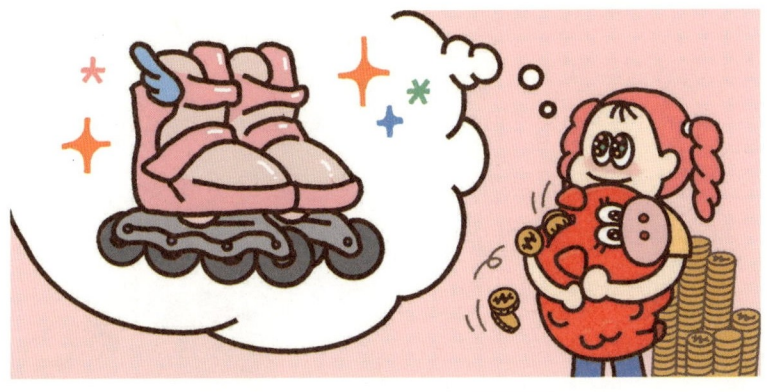

티끌 모아  ㅌ ㅅ

정답 | 티끌 모아 태산

똥 눌 때 맞춤법!

① 눈살을
② 눈쌀을
찌푸리지 마.

정답 | ①

똥 눌 때 보는 만화 - COVID-19

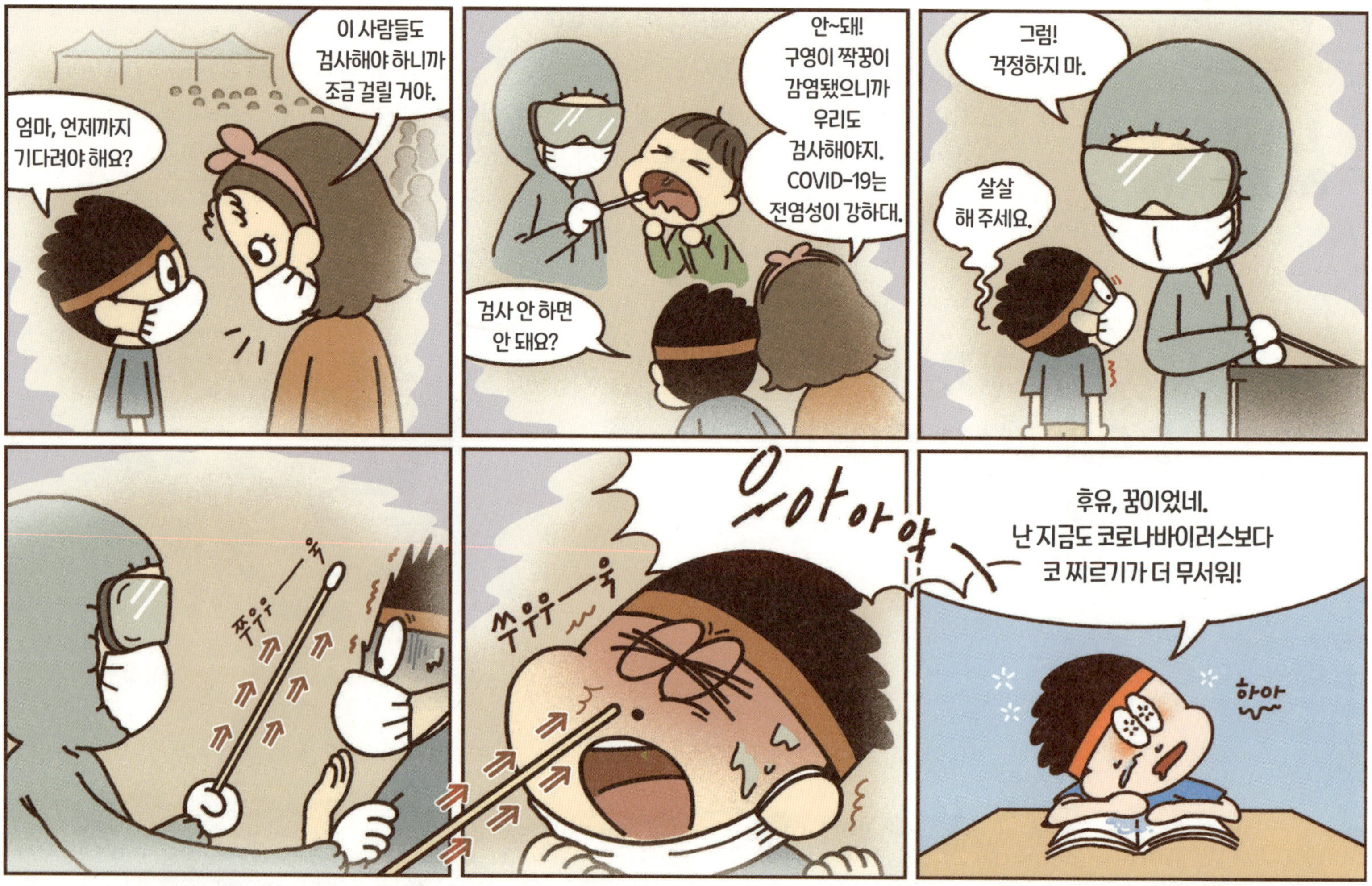

(만화)

💩 **COVID-19(코로나바이러스감염증-19)** | 2019년에 처음 발생하여 전 세계적으로 퍼진 새로운 유형의 호흡기 감염 질환을 말해요. 주로 발열과 기침, 폐렴과 호흡 곤란 등의 증상이 나타나요.

탈무드 속 경제 이야기

옷감이 모자라다

시골에 사는 부자가 도시에서 고급 옷감을 사 왔어요. 그러고는 마을의 재단사에게 외투를 만들어 달라고 했지요. 재단사는 부자의 몸을 보더니 옷감이 부족하다고 말했어요. 그 말을 들은 부자는 옷감을 넉넉히 사 왔는데 무슨 소리냐며 벌컥 화를 내더니 다른 재단사에게 옷을 맡겼어요. 일주일 후, 새로운 외투를 받은 부자는 길거리에서 자신과 똑같은 외투를 입은 재단사의 아들을 발견했어요. 부자의 외투를 만들고 남은 옷감으로 만든 것이 분명했지요. 아주 괘씸한 마음에 부자는 처음 일을 맡겼던 재단사를 찾아가 호통을 쳤어요.

"여보시오, 옆집 재단사는 내 외투를 만들고 남은 천으로 자기 아들의 외투까지 해 입혔더군. 그런데 당신은 천이 모자란다고 거짓말을 했단 말인가?"

그러자 재단사는 웃으며 말했어요.

"잘 아시면서 왜 그런 말씀을 하시는지요. 아시다시피 그에게는 아이가 하나지만, 제게는 둘이거든요."